本书献给
在焦虑和压力中成长蜕变的中国好妈妈

| 蕉蕉妈 | 云云妈 | 耿耿妈 |

| 网名 **偶像是虎妈** | 网名 **一沙一世界** | 网名 **老言无忌** |

焦虑妈

擅长搜集各路育儿信息，为了让孩子考上名校而发愁、焦虑。

佛系妈

"佛系"育儿代表，口头禅：都行，都可以，没关系。

耿直妈

性格耿直，说话一针见血，被称为"谣言粉碎机"。

| 亮亮妈 | 多儿妈 | 小灵妈 |

网名 **河东狮不吼**   网名 **母慈子孝之二十四节气**   网名 **课代表X酱**

吼叫妈

脾气大，不好惹，孩子一不听话就吼叫，希望自己可以做到不吼叫。

唠叨妈

育儿全靠嘴，唠唠叨叨，但不吼叫，认为说得多孩子自然就能听进去。

学霸妈

喜欢收集各路育儿信息，熟读《沐阳上学记》，擅长解答难题。

《72招轻松家教（下）》编撰人员

创意出品：非吼叫妈妈俱乐部
总 策 划：李晓明

执行主编：李连连
执行副主编：方 芊　董卫娟

编写人员：
李连连　董卫娟　方 芊
武秀峰　何 娟　李 竺
滕晓阳　闫 兰　潘舒佳
万 众　王若怡　刘 淦
杜燕鸿　王一涵

特约企划：林潍克　李 婷
宣传外联：朱玥玥

非吼叫妈妈俱乐部 编著

72招轻松家教（下）

时代出版传媒股份有限公司
安徽少年儿童出版社

图书在版编目（CIP）数据

72招轻松家教.下/非吼叫妈妈俱乐部著.— 合肥：安徽少年儿童出版社，2023.4
ISBN 978-7-5707-1722-4

Ⅰ.①7… Ⅱ.①非… Ⅲ.①儿童教育－家庭教育 Ⅳ.①G782

中国国家版本馆CIP数据核字（2023）第021498号

72 ZHAO QINGSONG JIAJIAO XIA
72招轻松家教（下） 非吼叫妈妈俱乐部 著

出 版 人：张 堃	策 划：阮 征 张 琪	特约创意：李晓明
责任编辑：阮 征 张 琪	责任校对：于 睿	责任印制：朱一之

出版发行：安徽少年儿童出版社　　E-mail：ahse1984@163.com
　　　　　新浪官方微博：http://weibo.com/ahsecbs
　　　　　（安徽省合肥市翡翠路1118号出版传媒广场　　邮政编码：230071）
　　　　　出版部电话：（0551）63533536（办公室）　63533533（传真）
　　　　　（如发现印装质量问题，影响阅读，请与本社出版部联系调换）

印　　制：安徽联众印刷有限公司
开　　本：710 mm×1000 mm　1/16　插页：6　印张：15　字数：170千字
版　　次：2023年4月第1版　　2023年4月第1次印刷
ISBN 978-7-5707-1722-4　　　　　　　　　　　　　　定价：46.00元

版权所有，侵权必究

目录

一　如何帮助孩子从"舒适区"走向"最近发展区"？ / 002

二　幼升小的关键期，父母要努力做到哪几件事？ / 008

三　对待异性好朋友，父母如何培育孩子美好的情愫？ / 015

四　如何培养孩子的自驱力？ / 021

五　如何和孩子一起应对考试、升学等压力？ / 027

六　如何给孩子树立正确的金钱观？ / 033

七　如何让孩子听取别人的意见？ / 040

八　如何安抚青春期孩子的反抗情绪？ / 046

九　在家工作总被孩子打扰怎么办？ / 052

十　孩子为什么都喜欢超级英雄？ / 059

十一　孩子沉迷游戏，家长如何做？ / 065

十二　如何引导青春期孩子进行人际交往？ / 071

十三　孩子没考好，家长该怎么做？ / 077

十四　为什么要鼓励孩子接触大自然？ / 084

十五　如何用辩论来锻炼孩子的逻辑思维？ / 090

十六　如何给孩子过一个有意义的生日？/ 096

十七　家长如何引导孩子的兴趣爱好？/ 102

十八　面对孩子天生的"破坏性"，家长要怎么做？/ 108

十九　如何巧用"自然后果法"进行家庭教育？/ 114

二十　家长如何智对孩子的"恶趣味"？/ 121

二十一　家长如何用家庭综艺时光演绎生活的微妙？/128

二十二　如何将孩子的对抗行为转化为有效的沟通技巧？/ 135

二十三　如何让孩子在人际交往中拥有同理心？/ 142

二十四　遇到特殊情况改变计划时，如何化解孩子的消极情绪？/ 148

二十五　如何做学习型父母，读懂孩子思维？/ 155

二十六　父母如何应对儿童的反幼稚化倾向？/ 161

二十七　除了"你最棒"，什么样的夸赞招数对孩子最有效？/ 167

二十八　孩子交朋友，家长应该"插手"还是"放手"？/ 173

二十九　在竞争激烈的环境中，如何帮助孩子"停下来"喘口气？/ 179

三十　孩子朋友少，家长要如何帮助？/ 185

三十一　孩子"欺负"小猫小狗，如何才能让孩子理解每一个生命？/ 191

三十二　如何通过体育运动培养孩子的全面发展？/ 197

三十三　"坏"习惯滋生了，轻松化解有妙招 / 203

三十四　和孩子发生冲突，父母应如何正确表达情绪？/ 210

三十五　如何在众多的信息中，提高孩子的批判性思维？/ 216

三十六　行万里路：让孩子参与家庭旅行计划制订攻略 / 224

后记　如何爱上你的不完美小孩？/ 229

非吼叫妈妈俱乐部

偶像是虎妈：
今天可把我乐坏了！好好的《沐阳上学记》愣是被我看成了一部喜剧，哈哈哈！

河东狮不吼
说吧，你又发现了什么盲点？

偶像是虎妈：
瘸腿的瓢虫，哈哈哈哈！不行了，又笑出声了！

老言无忌：
我知道知道，演不好还要被教授老妈当众纠正，又好笑又心酸……

一沙一世界：
我们的小学霸不会有心理阴影吧？我家孩子之前就是上台表演没发挥好，现在让他参加个节目，比上沙场还难啊！

老言无忌：
这种事，多来几次就好了，谁的特长不是练出来的？谁的舒适区不是一点点扩大的？

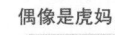
一沙一世界：
不了不了，先给他找点机会在家里唱歌给我和他爸听吧，我们家这位短时间内是上不了台了。

偶像是虎妈：
教授妈妈真的不考虑让剑桥沐阳再演一次瓢虫吗？我第一个买票！

课代表X酱：
"沐阳保护协会"表示强烈谴责。

一

如何帮助孩子从"舒适区"走向"最近发展区"？

如何帮助孩子从"舒适区"走向"最近发展区"？"走出舒适区"是教育中绕不开的话题，很多父母都认为不断地去学习、去尝试、去挑战新鲜事物，才能让孩子收获成长，沐阳妈妈一直也有这个想法，而且不止一次付出过实践。帮助孩子走出舒适区，当然是对的，但沐阳妈妈在一次次抛出挑战后发现，不着急让沐阳"走出去"，也许能收获更多。

"倒霉瓢虫"飞不出舒适区：控制合理期望值，步子不能迈太大

沐阳是那种不喜欢表演、不喜欢被人关注的孩子，尤其是人多的时候，特别不愿意出风头和表现自己。别人争先恐后往前挤的时候，他总是尽量往后缩，为此沐阳妈妈还和他认真地谈过这个问题。天下哪个父母不希望自己的孩子成为主角呢？尤其是在竞争越来越激烈的社会上，每

个人都拼命争取往前,被更多人关注到,才能获得更多更好的机会。沐阳妈妈又开始了日常焦虑。

巧了嘛,这不是!教授妈妈正好在进行儿童戏剧课题研究,戏剧的力量恰恰在于从身体到心灵的点燃。于是,在沐阳的学校邀请沐阳妈妈去上一节拓展课时,沐阳妈妈顺理成章地抓着沐阳参与了活动。沐阳选了一个没有台词的角色——只要简单地从舞台上飞过的跛脚瓢虫。沐阳妈妈为了让沐阳能有所突破,不断找跛脚瓢虫的毛病,这里演得不好,那里演得不对,让这只小瓢虫成了焦点。沐阳表现出了强烈的抵触情绪,结束后还对妈妈说,自己宁愿做一千道残酷的数学难题,也不要做一次跛脚瓢虫。

沐阳的这次小反击,让沐阳妈妈开始反思自己。沐阳选的角色很符合自己的定位:做一个打酱油的小角色,既参与了表演又在他的能力范围之内,这本可以说是最好的选择。为什么沐阳妈妈还要不满呢?

每个孩子的能力和兴趣点都不一样,孩子愿意在台下为舞台上的人鼓掌喝彩,并不是一件丢人的事。不是所有人都要成为领导者,让孩子找到自己最合适舒服的位置和发展空间,才是教育的目标。

"轻轻推一把":眼光"走"在孩子前面,双手扶在孩子后面

在舒适区里,孩子足够熟练和安全,他们不愿意主动

走出去是正常的，不少大人也存在这种畏难心理。如果不考虑孩子的感受，一味地让孩子去挑战，孩子很可能会出现和沐阳一样的抵抗情绪，最终带来反效果。那么要顺着孩子，让他一直待在舒适区吗？

心理学上还有一个大家熟知的概念——最近发展区。沐阳妈妈认为，帮助孩子找到最近发展区，其实是最好的走出舒适区的方式。最近发展区的概念是由苏联心理学家维果茨基提出的，最早用在教学活动中，他认为孩子的现有水平和可能达到的水平之间的区域，就叫最近发展区，老师可以根据最近发展区给孩子一些挑战和任务，帮助他们达到更高的水平。此观点应用到家庭教育中，也是一样的。

父母正确认识孩子的能力和兴趣点，才能找准最近发展区。本来内向、害羞的沐阳，选择支持妈妈的戏剧拓展课参与表演，其实已经是他在尝试挑战最近发展区里的任务了。这些事在沐阳的能力范围里，但又超出了平时的安全范围。沐阳妈妈忽略了沐阳踏出的这一步，在沐阳表演的过程中指出一些并不是原则性的错误，无形中就给沐阳增加了很多压力，这种压力最终转化成了抵触和叛逆。

马拉松要间歇跑：用好分解法，先实现一个小目标

沐阳妈妈觉得孩子是情绪的动物，当孩子情绪好的时候，虽然不能说一切都可以迎刃而解，但起码很多东西是可以被化解的。沐阳在刚进中学时，数学成绩起伏很大，

这让他一下子丢失了很多自信。沐阳妈妈发现了沐阳的焦虑和疑惑后，及时与老师沟通。老师了解情况后，送了一本绘本《安的种子》给沐阳，希望通过这本书告诉他，老师和父母都愿意给他时间并相信他。这种"无条件的积极关注"给了沐阳很大的安全感，后来沐阳也逐渐安定下来，开始享受数学，而不是"厮杀"。这里也画一个小小的重点，如果发现孩子的情绪状态不对，及时的家校沟通非常重要！

焦虑往往都是由近期的目标带来的，比如太在意分数、太在意比较和得失。教育和成长是一场马拉松，眼前的考试成绩并不能决定孩子未来的路。家长要引导孩子定下心来，专心致志"跳起来摘自己的桃子"，而不是摘别人的桃子。在为孩子定目标时，不要攀比，给孩子成长的空间和时间。让孩子保持对世界的好奇心，体会与对手交锋的乐趣，比得第几名更重要。沐阳妈妈想，不管沐阳未来从事什么职业，如果还能享受兴趣，做一个数学发烧友又比成为数学家遗憾多少呢？

非吼叫妈妈俱乐部亲子部　李连连　供稿

Q 共读时光：参看《沐阳上学记·6·倒霉的配角》之《唉，倒霉的配角》。

非吼叫妈妈俱乐部

偶像是虎妈：
开学了，娃的好日子到头了，我的好日子也到头了……

一沙一世界：
放心好了，不就是上一年级嘛！你可以掌控住！

偶像是虎妈：
但是说到上小学，连沐阳妈妈都会"头秃"。

母慈子孝之二十四节气：
可不是嘛，一会儿担心上课能不能跟上，一会儿担心有没有交到朋友，回家还要想着怎么打配合帮着他复习巩固，累死了。

母慈子孝之二十四节气：
每天早上起床大战，想想就头疼。

老言无忌：
哈哈哈，太真实了，只有经历过的妈妈才会懂！

偶像是虎妈：
我列了个清单，你们看我还需要准备点啥？总感觉还不够呢……

母慈子孝之二十四节气：
辅导作业的时候备好"速效救心丸"，我只能提醒到这里了。

课代表X酱：
放轻松，孩子们都"双减"了，你怎么还给自己"加负"呢？

二
幼升小的关键期，
父母要努力做到哪几件事？

幼小衔接的关键期，家长如何做好支持？沐阳进入小学后，沐阳妈妈不止一次听到身边的过来人说："孩子上了一年级，你的好日子就到头了。"这句话多少有些夸张，但也确实是很多妈妈内心的真实写照。从幼儿园到小学，学习方式和生活环境都有了一个大的改变，不仅孩子需要适应这种转变，家长也要切换模式，做好陪伴、支持和引导。面对突然到来的转变和压力，沐阳妈妈和很多家长一样也曾慌乱着急，生怕照顾不好小学生沐阳；总是爱磨蹭的沐阳，也会惹怒教授老妈，母子之间经常大战三百回合。然而，在一地鸡毛的琐事中，在被考试、分数、升学压力包围的生活中，沐阳妈妈逐渐找到一些简单实用的小方法，为沐阳建起一处"世外桃源"。不用热血"鸡娃"也能做好支持工作，助各位勇敢的小学生一臂之力！

好的谈话胜过100套题：学会调整情绪，适应性问题才能迎刃而解

幼升小对于很多孩子来说是个难关，从幼儿园里的游戏式的学习到变成正襟危坐的小学课堂，学习目标和难度都有所增加，而且孩子们还要在很短的时间里适应周围环境和人际关系的变化。此时，孩子很容易出现适应性问题，家长也可能被焦虑情绪包围。沐阳刚上小学的时候，沐阳妈妈也是忧心忡忡，每天手忙脚乱地应付小学生的日常。在一次又一次的"斗争"中，沐阳妈妈摸索到好用的"情绪管理大法"，这一方法能同时调整家长和孩子的状态。

有一次晚餐时间稍长了一点，沐阳妈妈忍不住催促沐阳去写作业，甚至还发了火。平时"晚餐时间"一直是沐阳和爸爸妈妈沟通聊天的温馨场，而因为有焦虑的情绪，沐阳妈妈无意间破坏了这种氛围。冷静下来之后沐阳妈妈发现，沐阳也许不是故意在磨蹭，他可能还沉浸在晚餐谈话的温馨氛围中。于是沐阳妈妈决定，继续保持晚餐时间的聊天氛围，并且适当延续。因为粗暴打断孩子的情绪，更不利于他们调整到做作业的状态。处于过渡期的孩子需要积极的情绪去应对新环境，对在这个阶段出现的许多适应性问题，比如畏难、拖拉等，家长要有策略地调整。从另一方面来说，这看起来是在帮助孩子，其实也是在帮助家长自己调整生活的心态和目标。

"荤素搭配，营养合理"：坚定态度，培养习惯，尊重成果

许多家长会感叹，为什么别人家的孩子不仅成绩好，还会自主学习，完全不用家长催。其实不是学习好的孩子有好习惯，而是他们先养成了自主学习的好习惯，成绩才慢慢变得优秀。孩子上小学以后，许多家长开始在意试卷上多一分少一分的数字，对排名也会有追求，本最应该被重视的习惯培养，反而变得可有可无。但想让孩子拥有持续学习的能力，培养学习习惯比追求分数更有用。

沐阳刚上小学时，沐阳妈妈对他在分数上并没有什么要求，她深知这一阶段是建立好习惯的最佳时期，因此她更在意的是沐阳的情绪和习惯培养。即使孩子在低年级阶段，成绩方面表现不如意，只要培养起了良好的学习和生活习惯，后期也可以取得进步和突破。好的情绪能让孩子投入到学习中，好的习惯能让孩子保持终身学习。即使孩子在努力后还是没有取得所谓的优异成绩，家长也要做到欣赏和支持，将目光放长远，不必急于一时的分数。

沐阳妈妈是作家，很多人觉得沐阳的语文肯定不用发愁，但其实有一段时间沐阳的语文成绩连80分都很难突破。沐阳妈妈接受了这个结果，并且也尊重沐阳努力的成果，不会拔高或嘲笑。沐阳的作文分数不高，但她不会让沐阳去背诵所谓的"好词好句"。孩子们对文字的理解能力有快有慢，急也急不来，沐阳妈妈更愿意儿子遵从内心写出

一些自己想说的话，沐阳能够真实地表达自己是沐阳妈妈更看重的品质。

试卷可以没有标准答案：辅导作业的目的是陪伴孩子渡过难关

内卷时拼命"鸡娃"，"双减"一来就能做"甩手掌柜"吗？答案是否定的，孩子的学习不能只交给学校和老师，家庭教育有着学校教育替代不了的优势，甚至可以弥补学校无法照顾到的角落。

关于辅导孩子作业，大部分家长都直摇头，不提作业母慈子孝，一提作业鸡飞狗跳，这是很多家庭的常态，好像辅导作业前不准备点儿速效救心丸都没法完成这项浩大的工程。在辅导作业方面，沐阳妈妈也有焦虑的时候。就拿语文来说，小学语文的内容相对简单，只要解决字词问题、会读会写、重复记忆就可以。随着年级的增加，语文阅读有了更复杂的情感领悟，沐阳在文字运用上的问题也开始一点点显现。为了提高沐阳的成绩，沐阳妈妈开始自己去做那些阅读题目，甚至有一次碰到用作家朋友的文章所出的阅读题，她还特意把题目发给那位作家朋友，一起来解题。令人哭笑不得的是，作家朋友给出的答案与正确答案相差十万八千里。

笑过闹过还是得回到现实中来，沐阳妈妈不得不继续面对这些问题。梳理了自己的情绪以后，沐阳妈妈开始尝试帮助沐阳分析试卷,帮助他做订正。在这过程中要给孩子一个态度,不管学习中遇到任何困难,爸爸妈妈都会陪伴他一起渡过难关。如果能认真对待每一份试卷,做到真正落实消化,还会提高不了成绩吗?

要允许某一次考试、某一份试卷没有标准答案,因为整个学习过程中的思考、体验、适应,会内化为孩子的一种"生存能力"。幼儿园、小学、初中……成长路上的每一次变化都是家长和孩子一起等待、积累的过程,每踏过一道坎都是宝贵的收获,爱、陪伴、尊重是永恒不变的主题。

非吼叫妈妈俱乐部亲子部　李连连　供稿

> 共读时光：参看《沐阳上学记·8·夏天纪念册》之《永远的雏鹰小队》。

非吼叫妈妈俱乐部

老言无忌：

大新闻大新闻！耿耿最近开始在意自己的发型穿搭，还老跟我念叨他们班一个女孩，这……

偶像是虎妈：

啊？还不快点扑灭火苗，影响成绩怎么办？

一沙一世界：

没关系，多大点事儿啊！

偶像是虎妈：

我可给你提前拉响警报，注意成绩注意成绩注意成绩！@老言无忌

母慈子孝之二十四节气：

过来人又要说经验了，别急着"棒打鸳鸯"，到时候"地上转地下"才有你着急的。

老言无忌：

放心放心，我没那么老古板，就是这猛地一碰到还是觉得有点头疼。

课代表X酱：

及时沟通，注意引导，没问题的，群里的妈妈们都会给你出主意。

一沙一世界：

插个题外话，那个女孩是同桌吗？想当年，我见到借我半块橡皮的男同学，也脸红，哈哈哈！

偶像是虎妈：

声明：我也不是老古板哦！

三
对待异性好朋友，
父母如何培育孩子美好的情愫？

对待异性好朋友，父母如何培育孩子美好的情愫？四五年级开始，孩子们慢慢进入青春期，不管是生理还是心理都在经历着变化。家长们也许会发现他们一边有着激烈的"逆反"行为，一边也出现了一些新的温柔的情感——开始对身边的异性产生关注和好感。现在的家长，已经不再视这种朦胧的感情为洪水猛兽，也更加理解、尊重孩子们的情感变化。但可能还是会有一些烦恼困扰家长，孩子出现这种情况是顺其自然还是加以干涉？如果家长介入，要如何引导才好呢？这些问题沐阳妈妈当然也遇到过，面对沐阳这些懵懂的情愫，沐阳妈妈用自己的方法，巧妙地引导沐阳，令她意外的是，在这个过程中她有了很多新的认识。

松树下的"亲密敌人"：面对青春期的情感，孩子也会感到困惑

青春期男生女生的心理生理都开始发育，生理上的发育"肉眼可见"，心理上的变化就需要家长们细心关注。这一阶段，孩子们逐渐走向独立，社会交往也变得多元化。四五年级的孩子对异性的关注会慢慢多起来，家长也许会发现平时和异性水火不容的孩子，会在家里频繁提起某个异性同学，念念叨叨一些日常琐事。四年级的时候沐阳妈妈就发现，沐阳对"死对头"欧阳思佳的态度有了变化，欧阳同学竞选学校大队长落选了，沐阳想安慰她可又觉得不好意思，沐阳妈妈鼓励沐阳向同学说出自己的真实想法。也是这一次，沐阳和欧阳同学从"死对头"变成了好朋友。偶尔沐阳也会在家里说一些他和欧阳在学校的事情，沐阳妈妈非常好奇但也不过多询问，因为她知道孩子对异性产生好感是非常普遍且正常的现象，他们的这些情感很珍贵，同时也需要保护。

其实沐阳面对他和欧阳同学之间的这些说不清的感受也有点困惑。一次沐阳在餐桌上说到他和欧阳思佳在松树下聊天，沐阳妈妈觉得很有意思，沐阳看到爸爸妈妈的反应想解释什么但又说不清楚。一方面，孩子还没有完全理解这些感情的变化；另一方面，已有的经验可能让孩子觉得这样的想法是不对的，同龄人无意间的揶揄也会让他们感到压力。此时，家长的引导和解惑就尤为重要。沐阳妈妈认为，这些问题最重要的不是指示和说教，而是从心灵上与他们产生共鸣、和他们对话。面对沐阳的疑惑，妈妈不仅鼓励他真诚地对待朋友，还告诉沐阳"在松树下谈话"是一件很浪漫很动人的事情，不用为周围的声音感到困扰。

好笑的堂吉诃德：或许可以从名著中寻找答案，让孩子自己去感受

在成年人的世界里，爱可能是复杂的，但在孩子的心里，好感和爱就是一件简单的事情。可以是课上短暂的相处，可以是校园的松树下的对话，也可以是东拉西扯想不起来的谈话内容。"女人是需要表扬的"，谁能想到这个结论是沐阳从《堂吉诃德》中总结到的呢。沐阳觉得堂吉诃德是好笑的，因为他会把洗衣服的女人认成女神，但堂吉诃德也不好笑，因为他把洗衣女当成女神的时候，洗衣女也真的有了女神的样子。沐阳妈妈也十分惊喜，沐阳能有这种辩证的认识。

古今中外有很多关于爱情的解释，青春期里的朦胧感情到底该如何理解，让孩子从文字中慢慢感受也是个不错的选择。家长为孩子提供一些作品，让孩子在阅读中体会关于爱的文字，正视自己的感情变化。但要时刻提醒自己，千万不要随意用成年人的眼光去曲解，也不要将青春期的感情与道德混为一谈。特别是家长要清楚地认识到，成绩是否优异受很多因素的影响，青春期的情感波动或许并不是直接原因，不能为此粗暴地对待孩子的情感变化。从另一个角度来看，这或许也给了家长一个重回少年的途径，重新学习如何欣赏、如何包容。

画一张双眼皮的马：讲述自己的亲身经历，在潜移默化中教育孩子

不粗暴地介入孩子的情感，就是鼓励恋爱吗？显然不是！沐阳妈妈就主张有方法有温度地帮助孩子处理这些问题。沐阳偶尔也会很兴奋地告诉妈妈"我昨晚梦到和一个女孩子坐在一起说话"，沐阳妈妈会告诫自己，千万不要去打听什么。在这个年龄和语境下，家长只需要欣赏与呵护孩子的一切，给他们留出空间。

在之前的文章中提到过沐阳妈妈会经常和孩子分享自己的生活，这种"有效分享"的方法，她在这里也用到了。关于沐阳的梦，沐阳妈妈不仅没有追问，反而分享起了自己小时候的故事。沐阳妈妈说自己小时候也做过类似的梦，梦中已经转学的小学同桌，要送一张双眼皮小马的画给她，她开心到哈哈大笑。为什么一定是双眼皮的马呢？因为沐阳妈妈小时候是单眼皮，因此很羡慕有双眼皮的人，这点小小的心思就反映在了梦里。沐阳听完故事也笑了起来。沐阳妈妈通过这件事让沐阳了解到，青春期的时候每个孩子都有小秘密，这让沐阳感受到了认可和尊重，母子之间建立了信任，沐阳就愿意把更多的事情跟爸爸妈妈分享。家长越了解孩子，就越能及时发现问题，并给到相应的指导，粗暴地干涉，只会把孩子推远，更容易产生问题。

当然，除了心灵上的沟通和引导，爸爸妈妈的相处方式对孩子也有一定的影响，家长也要适时向孩子传达一些

建议，比如告诉他们感情中的尊重和平等，提醒他们在交往中如何自我保护，等等。

非吼叫妈妈俱乐部亲子部　李连连　供稿

3招应对"早恋"

①青春期对异性有好感是正常现象，家长要注意孩子可能遇到的困扰，多与孩子沟通交流。

②不要用成年人的想法去解读孩子们的"爱"，让感情回归自然，可以适当通过文学作品向孩子解释和传递价值观。

③有效分享才能得到孩子的回应，给孩子建议前要先认可并尊重孩子，建立在信任之上的亲子关系才会牢不可破。

敲黑板

🔍 共读时光：参看《沐阳上学记·7·男生女生对对碰》之《冬天，在松树下》；《沐阳上学记·8·夏天纪念册》之《白马和骑士》。

非吼叫妈妈俱乐部

课代表X酱：

【链接：没有考试和作业，大学录取率还高达98%，这是个什么奇葩学校？】

河东狮不吼：

要是有这样的学校，我第一个送孩子去，省心省力。

老言无忌：

这里面说真正有效的学习是孩子用内驱力来自主学习。谁不知道学习要靠自觉，关键问题是怎么才能让孩子自觉？马上要开学了，作业才写了一点点。

河东狮不吼：

就是说，要是自觉了，谁想整天吼啊？跟吃了炸药似的，都自我嫌弃了。一看电视就没完没了，永远有个最后一分钟。

母慈子孝二十四节气：

上完古筝课问我可不可以和同学一起去逛街，我说该做的事做好了就可以，自己决定。结果连逛了三个小时，给她布置的卷子才写了几个字！

偶像是虎妈：

貌似咱们说的是自控力，跟这个内驱力还不太一样，"项目教学法"又是个啥？

课代表X酱：
可能需要变通的还是家庭教育方式。截图：营造自驱式（Self-Directedlearning）的学习环境。……父母必须明白：孩子才是学习的主人，父母是支持者和资源提供者，要协助孩子高效探索，满足孩子的好奇心。

四
如何培养孩子的自驱力？

如何培养孩子的自驱力，让孩子主动、自觉地学习？自驱力，是出于内心需要，自己驱动自己，有做事情的动力。就像汽车自带马达一样，自驱力是人与生俱来的能力，需要被"唤醒"、被"激发"、被"呵护"。很多时候，家长焦虑孩子的学业、前途，想让孩子取得好成绩，常常会告诉孩子要好好学习，以后才会找到好工作，等等；这些目标对孩子来说很抽象，在落实过程中又趋于标准化，不具体。孩子觉得学习不是自己的事，是外在的要求，家长也不知道孩子的真实需求，于是陷入"一管就死、一放就乱"的怪圈。沐阳妈妈认为培养孩子的自驱力主要从三个方面着手：满足孩子探索求知的需要，激发内在动机；花时间做好孩子的心理建设，强化孩子的正向心理体验；带孩子亲近大自然，释放压力，教会孩子热爱生活。

开放式寒假作业：自驱式学习，满足孩子的探索和体验

心理学上讲，让人主动激励自己的因素就是内在动机。孩子在成长过程中对各种事物充满好奇心和求知欲，并渴望通过自己的方式获得认知。通过实践，满足孩子的探索需求，会大大激发孩子学习的主动性。正如美国著名教育家约翰·杜威所倡导的"从做中学""从经验中学"，要让孩子将在学校里获得的知识与生活过程中的活动联系起来。沐阳老师布置的寒假调研没有特别的限制要求，将主动权完全交给孩子，使孩子可以根据自己的意愿全心全意地投入一件事情。孩子们堂而皇之地使用平时被禁用的微信联系，自己组队建群，热烈地修改群名、选队长，虽然折腾一晚上也没什么结果，孩子们却真正体验了一番思想火花的激烈碰撞。雏鹰小队的队员们像在干一番事业，全身心沉浸其中，争分夺秒一直讨论。

在很多人看来，孩子们做的尽是无用功，沐阳妈妈非但没有阻止，反而提议他们去聚餐，放松心情更有助于思考。大人们的放手，给了雏鹰小队最好的支持。修改问卷，自报问卷数量，约定地点调研……整个行动中没有老师、家长的干预，每一步都井然有序。组员们有力的出力，有谋的出谋，气氛热烈，参与度可谓百分百。

家长可以让孩子自己筹备一次野餐、重新布置自己的房间、设计一个游戏、开展家庭成员问卷调查，等等。孩子通过发自内心的探索求知，获得像破解谜题一样的成就感，沉浸享受在过程中，同时拥有最好的体验和表现，正是自驱

式学习的核心所在。

晚餐时间的畅聊：平等对话，给孩子发言权

孩子对事物的感受，往往比他所接受的直接教育更能引发他的行为。父母要重视孩子的内心感受，孩子在学校里的学习和生活是怎样的，跟同学和老师发生了什么故事，孩子的心理感受又如何，家长到底了解多少？家长与孩子间融洽的沟通是解决一切问题的前提。随着年龄的增长，孩子越来越希望大人尊重他们的独立性、尊重他们的能力。家长用教训的口吻跟孩子说话往往行不通。亲子间要达到高层次、高质量的沟通境界，双方必须处于一种平等的、放松的、自然的状态下。

在沐阳妈妈看来，好的谈话胜于做一百套题。每天的晚餐时间正是沐阳一家人最享受的时光，沐阳分享他在学校里的故事，他的父母耐心乐意地倾听着，沐阳的寒假作业、沐阳的作文、沐阳的朋友们、沐阳的困惑、沐阳的兴奋、沐阳的失望……他们无话不谈，平等交流。孩子从父母那里得到及时的回应，得到认同、鼓励、信任，紧张情绪缓解了，才能收获积极向上的正能量，自驱力也会加强。父母在与孩子的交流中可以强化孩子在学习过程中积极的、正向的心理体验，让孩子一次次充分感受到自己的学习能力，体验到自身的力量，体验通过自己的努力最终达成目标的成就感和掌控感，建立起强大的自信心。

学习要张弛有度：营造投入感，减少压力，增加动力

人们常说，没有压力就没有动力。但是过度的压力，也会妨碍动力的产生。培养孩子的自驱力，要紧盯着压力这个仪表盘。美国国家儿童发展科学委员会将压力分成三类：正向压力、可承受压力和毒性压力。家长要做的是使孩子避免毒性压力，更多地体验正向压力，变可承受压力为动力。

沐阳发着高烧去考试，咳嗽持续一个多月。学习的重担、升学的压力摆在他和他的父母面前。但沐阳的父母没有把沐阳的寒假排满，而是把孩子的身体健康放在第一位，决定去过一段时间慢生活。沐阳妈妈带着沐阳欣赏美景，晒太阳，喂海鸥，骑自行车追着人们做问卷调查。沐阳紧绷的弦逐渐放松下来，身体也渐渐恢复，心态也扭转过来，由一开始的不情愿到逐渐投入到慢生活中。在沐阳妈妈看来，生活本身的简单纯朴，天然地符合孩子的心性和成长节奏。大自然是对压力最好的治愈。

无论是孩子还是大人，天性里都喜欢欣赏美和玩乐，都想全身心做一些自己喜欢的事情。家长应该归还给孩子一些时间，为他们营造轻松健康的环境氛围，让紧张的学习生活节奏慢下来，给孩子一些思考和体验的时间，让孩子保持健康的心态，变压力为动力，这样才能跑得更持久。

非吼叫妈妈俱乐部亲子部　武秀峰　供稿

共读时光：参看《沭阳上学记·8·夏天纪念册》之《永远的雏鹰小队》《一个名叫大理的地方》。

非吼叫妈妈俱乐部

河东不狮吼：
还有人吗？

偶像是虎妈：
凌晨两点了，没人。

老言无忌：
你们俩咋还不睡？

河东不狮吼：
下个月就中考了，焦虑到已经失眠半个月了……

课代表x酱：
我家那个去年小升初的时候，我半年都没睡着觉。
@河东不狮吼

一沙一世界：
嚯！竟然都没睡，看来我们提前进入了中年失眠期。

偶像是虎妈：
看你们这么焦虑，我也好焦虑啊！

课代表x酱：
其实也没事，你就想着这就是普通的考试，考完就行了。

河东不狮吼：
哪有那么简单啊，考一个好高中就意味着离好大学又近了一步！

偶像是虎妈：
明天我挑两篇缓解升学压力的文章给你看看，咱也学学人家升学不焦虑！

五
如何和孩子一起
应对考试、升学等压力？

如何和孩子一起应对考试、升学等压力？订正、背诵、默写、刷题，铺天盖地的试卷与作业，令人焦头烂额的分数与升学、不绝于耳的唠叨与批评，考试这件事什么时候才是个头！除了焦虑，我们还有更好的应对方法吗？人人都说李沐阳是一个数学天才，他还会有升学压力？他还会焦虑？虽然我们已经知道，他现在已经上了优秀的大学，也学了自己最喜欢的专业，可他这一路的升学历程也是曲折得很。那他的平稳过渡中，又蕴藏了哪些教育智慧呢？一起来看看。

自在的陀螺时间：给孩子留一个属于自己的空间，用来安放情绪

在学会给孩子留一个空间之前，我们首先可以来了解一个词儿"边界感"，边界感指的是对个人边界的定义，指个人所创造的准则、规定或限度，别人如何对待自己是被允许的,以及别人越过这些界限时自己该如何应对。而现实生活中,大多数父母忽视了和孩子的心理边界,把孩子当作自己的"私有物品","控制型"父母随处可见。殊不知"心理边界"是保证一个人独立的重要基础,它让孩子拥有独立的思想和情感。

在与升学、分数间的较量中,这个边界,便是父母给予孩子的"空间"。提到孩子的空间,有的父母认为,我每天连孩子的屋都不进,已经很给孩子空间了。但,这里的空间不一定是指物理概念上的空间,有时候或许是允许孩子拥有并保持他自己的一个爱好,或者是允许他大吃一顿,或者是允许他痛痛快快地打一场游戏,不论怎样的方式,这个空间存在的意义在于:让孩子有安放自己情绪的场所。沐阳和他的小伙伴们在承受巨大的升学压力时,最大的乐趣就是玩陀螺和"熊疯子"躲猫猫,这在老师和家长眼里,实在是太令人着急:火烧眉毛的升学考试,都近在咫尺了,怎么还能玩个不停呢?其实这是孩子缓解自我压力的一种方式,他们心里比谁都更清楚此刻面临的不仅是升学的压力,还有离别的忧伤,可那又怎样呢?只有一边消化情绪,一边继续上路。而家长需要做的就是给他们营造一个空间:安放情绪。

藏在陀螺里的小心思：公办还是民办，也要问问孩子的意愿

在小升初的家长会上，有个家长分享说自己天天忙着工作，准备让孩子上一所对口的公办学校算了，结果某天孩子回家问："妈妈，你说的摇号还摇吗？"她才发现这听起来像是孩子不经意间说的一句话，背后释放的却是孩子关心自我前途的信号。也许孩子担心摇上了，也许孩子期待摇上了，可是作为家长的她从来也没问过孩子的想法，认为她那么小，什么都不懂，为她操办一切即可。在沐阳升学的关键时期，沐阳妈妈和他的老师们都以为这群熊孩子心里只有玩陀螺这件"大事"，却不知道他们在自己最后的留言册上用代码"SWFX（上外附校）""HY（上海市民办华育中学）""SW（上海市世界外国语中学）""XNWY（西南位育中学）"……表示自己心仪的学校。当沐阳妈妈无意间看到这些上海市名列前茅的中学的名字，被沐阳用各种彩色的重点线条写在日记本上的时候，沐阳妈妈突然意识到孩子内心巨大的压力和焦虑，沐阳虽然表面上不在意，其实骨子里潜藏着努力和孤独。

很多时候，父母对孩子的"不尊重"，源于父母自己的疏忽。多长一个心眼儿，多关注一下他们的行为举动，多问一句孩子的想法，那些横在父母与孩子之间的沟壑便可浅一点，彼此之间的距离也会拉得近一点。

抚慰"愤怒的小熊"：不要比孩子更焦虑，做到耐心陪伴

科学研究证明，人的行为不仅取决于外部因素，更多受自身认知因素的影响。如果把考试、升学的困难估计得过大，把成绩看得过于重要，难免产生紧张、恐惧、担忧的情绪。这样便会在大脑皮层产生保护性抑制，妨碍正常认知活动。因此，家长要创造和谐的家庭氛围，引导孩子正确地认识考试，增强孩子的自信心，这样孩子才会以一种新的情绪应对升学与成绩的压力。而这个引导的前提是家长自己首先要做到不焦虑。

出于对孩子的关心，沐阳的爸爸妈妈也会时不时地去房间看看孩子，当他们发现在升学紧要关头时刻的沐阳，遮遮掩掩地写着些什么东西的时候，也不要急着揪出他的问题，让他不要干"与学习无关的事"，而是依旧耐心地陪着，陪着他向童年告别，陪着他长大。

孩子的每一次前进，都离不开父母的助推，很多父母在给予孩子鼓励的同时，由于心理素质和情绪调节能力的差异，或多或少都会流露出一些焦虑，有的似蜻蜓点水，有的是暴跳如雷，可现实告诉我们，焦虑只会引发焦虑，焦虑只会传染焦虑，焦虑只会带来更多的负面情绪。所以在应对升学与成绩的压力时，父母应做到沉着应对，安抚好身边的"小熊"，和孩子一起共渡难关。

非吼叫妈妈俱乐部亲子部　何娟　供稿

🔍 共读时光：参看《沐阳上学记·7·男生女生对对碰》之《容易愤怒和伤感的熊老师》。

非吼叫妈妈俱乐部

偶像是虎妈：
链接：当孩子走到玩具店门口时，家长居然这么做了！

偶像是虎妈：
我也愁呀，现在孩子大了，抱着都吃力，看到玩具店，要是小时候捂着眼睛抱起来跑开就可以。

老言无忌：
@偶像是虎妈，你家就是从小给惯的，惯的一身毛病。

偶像是虎妈：
前天吵着要买玩具车，但是家里已经买了一堆了。说同学们都买了最新版的，自己也要，闹得我头大。

母慈子孝之二十四节气：
这个就是孩子的攀比心，孩子的金钱观呀应该要从娃娃抓起。

课代表X酱：
如何给孩子树立金钱观这个事情，很多父母都不重视，觉得孩子自己以后都会明白的，但是里面其实是有大学问的。

偶像是虎妈：
别说孩子了，我自己现在都还没有这个意识，钱都不知道怎么花没的。

六
如何给孩子树立正确的金钱观？

如何给孩子树立正确的金钱观？随着互联网的兴起，各种网络借贷的超前消费都悄然地发生在很多年轻人身上。这是由于错误的金钱观导致的，正确的金钱观对孩子的一生极其重要。那家长应该怎么做呢？很多家长也会说，我家孩子想要什么我就给买什么，没有数量限制，没有时间段限制，其实这会导致孩子长大以后铺张浪费，没有正确的金钱观。也有的家长说我一直在告知孩子不能浪费，爸爸妈妈赚钱很辛苦的，钱是来之不易的。这样的对话是传达了爸爸妈妈对孩子的付出和牺牲，久而久之，孩子会觉得是我亏欠了家里，孩子随之产生的就是愧疚、压力，甚至是自卑和安全感的缺失。关于孩子金钱观的培养，应该怎么做呢？沐阳妈妈也遇到了一样的难题，那让我们一起来看看沐阳家是怎么培养"金钱观"的。

沐阳的年度财政预算：让孩子做自己的消费预算，培养孩子理财思维

沐阳每年年底都要打报告、画表格，经过列表和计算，做出自己的"全年财政预算"。详细地说就是，下一年要花多少钱，都必须提前在预算里面说清楚，比如可以在每个节假日，自己觉得自己可以用多少钱，都罗列下来。如果家长觉得一年的预算有点长的话，可以循序渐进，可以以一周或者一个月为时间单位。然后再回去看一下孩子的实际消费情况记录，前期可以不用过多干预；如果孩子前期买了一个比较贵的东西，而导致后面的钱不够了，这个时候家长可以引导孩子，在孩子买的这些东西里面，有什么是必须要买的，有什么是买了浪费的，有什么是紧急要买的，有什么是可以延后买的，那久而久之孩子自然会朝着一个理性的消费方向发展，这也是培养一个孩子正确金钱观的基础。

沐阳是一个陀螺迷，有一次，沐阳的陀螺被老师没收了，于是他就想让妈妈给他再买一个陀螺。因为做了年度预算，于是沐阳有了自己计划性的金钱思维。沐阳说："五一""六一"假期的钱都没有用完——我可以把"五一"假期的钱拿出一半现在用！下面是今年5月以后的预算："五一"，400元；"六一"，600元；国庆节，600元。虽然结果是沐阳没有买上陀螺，但是对一个孩子来说，这种金钱思维是难得的。让孩子做自己的消费预算，可以锻炼孩子的逻辑思维，培养孩子的遇事计划性，增强孩子的自律和管理钱财的能力。

成立家庭基金：从"狗屁不通"的申请书开始，培养孩子理性消费

说起沐阳家成立的家庭基金，这个可就有趣了。因为沐阳妈妈管钱的时候，问起来钱去哪了，是一问三不知，然后沐阳爸爸接手管钱了，问起来钱是怎么花的，也是一问三不知，那这样肯定不行，最后成立了家庭基金。实行公开透明管理，除了家庭生活用品，个人消费一律都要求写消费项目申请书，然后全家公开投票决定该项目到底是否批准和继续。沐阳想买陀螺，所以也要按照家庭流程写申请书，但是这可难倒沐阳了。沐阳的申请书一拿出来就被沐阳妈妈打回去了。

沐阳的申请书

各位：

　　行行好，我就想要200元买陀螺。200元不多也不少，买陀螺正正好。……

　　行行好吧！我强烈要求，恳求，祈求，批准申请——仅仅是购买一个新的陀螺，200元，不多也不少啊，请立刻、马上、瞬间——批准吧！

沐阳妈妈看完申请书，深呼吸了一口气，接着说："申请书我看了，无论从文法上还是从情理上，的确有点……不合规定。"沐阳妈妈跟沐阳说，"你要在申请书里突出这个东西对你的重要性，还要说明这个重要性是正面的，是有益于你的成长的，你要充分地说明你是有理有据的，你是值得拥有这个东西的，而且你的态度一定要真诚。"我们在生活里不能因为孩子想买什么，随随便便地写一封申请书就给他买了。我们要让孩子知道每一笔花出去的钱都会给我们带来价值，表达对金钱的感恩，让孩子清楚地知道钱应该花在哪里，同时也要让孩子知道虽然我们可以拥有很多的金钱，但是不意味着我们可以随意地乱花钱。

沐阳爸爸想买小米手环，也要写申请书：做孩子的榜样

父母的消费观对孩子的影响很大，如果家长是属于冲动消费型的，那孩子也会受到父母的影响。所以一旦家庭对于"金钱观"制订了规则以后，就要一起执行，每一个成员都需要接受规则的约束。不仅要要求孩子做到，最重要的是家长要以身作则，给孩子做榜样。不过需要注意的是，在有老人长辈的家庭，需要跟老人约定好保持一致，父母一定要行使自己的教育决策权。如果不保持一致的话，一旦孩子违反规矩，那这条规矩之外的大人就是他们的"靠山"，孩子会变得越来越不听话。就以沐阳来说，虽然沐阳是在努力地一遍又一遍地写申请书，但是嘴里还是念叨

着：外公外婆要是在国内的话，肯定会给我买的，因为他们在每到一个节气时都会给我买礼物。所以从这里也可以看出沐阳想找"靠山"的心理。

　　沐阳爸爸需要买一个小米计步手环，他也一样需要写申请书，没有因为大人的身份而享有特权，都是一样去遵守家庭制订的规矩，并且还跟沐阳一起交流申请书应该怎么写。给孩子树立一个榜样，不仅是遵守规则的榜样，更是正确对待金钱的榜样。当孩子看到家庭里的其他成员同样遵守规则，那么他对于"金钱观"的仪式感和执行感也会更强。

非吼叫妈妈俱乐部亲子部　方芊　供稿

共读时光：参考《沐阳上学记·8·夏天纪念册》之《来呀，诸神之战》。

非吼叫妈妈俱乐部

一沙一世界:
【分享图片:洱海之滨】我觉得这个好解压,太美了吧!

老言无忌:
我不要你觉得,我要我觉得,这个太大众了,我不喜欢。

偶像是虎妈:
@老言无忌,你这口头禅和蕉蕉一样。

母慈子孝之二十四节气:
听说这是什么网络热词,这被孩子们学去了还了得?肯定更不听话了。

老言无忌:
孩子不听话不是孩子的正常操作吗?孩子有自己独立的想法也值得鼓励呀,怎么感觉你如临大敌?

偶像是虎妈:
小事我就不管了,可是他总不能什么意见都听不进去吧,将来他可怎么在社会上生存呢?

母慈子孝之二十四节气:
这点我站蕉蕉妈,谦卑点听取别人的意见才能进步呀,这个问题肯定得让孩子改。

偶像是虎妈:
对呀,对呀,我就是这么想的,就算使用暴力,我也一定得把他这性子给掰过来!

课代表X酱:
冷静冷静,这个问题值得讨论,让我们继续往下看!

七
如何让孩子听取别人的意见？

如何让孩子听取别人的意见？俗话说："当局者迷，旁观者清。"因为我们的个性和处理事情时的缺陷与不足，仅仅凭借自省，往往难以明察秋毫，获得进步。我们经常会抱怨自己的孩子太以自我为中心，很难听取别人的意见。其实，像沐阳这般大的孩子，大部分在家里都被宠成了小公主、小王子，在赞扬声中长大，几乎都是从正面得到鼓励、赞美，因此在突然遇到不同的意见时，就很容易出现抵触情绪。在让沐阳学会接受别人的意见这件事上，沐阳妈妈选择原地等待。当小方阿姨指出沐阳问卷的问题时，沐阳妈妈没有急功近利地催促沐阳进行更改，而是给沐阳的情绪留出了空间，让他自己消化，因为沐阳妈妈知道，形式和过程不重要，孩子能真正反思才是最大的收获。

一起出发去大理：带孩子接触不同的人，增加生活的遇见和遭际

为什么要带孩子"行万里路"？一个人只有见过足够大的天地，格局才会大，心胸也就更开阔，更加易于接受别人的建议。见过世面的孩子，他们会在人群中散发不一样的魅力，温和却有力量，谦卑却不将就。

沐阳妈妈每年都会安排全家一起的出游活动，带沐阳体验一段真正的慢生活，沐阳妈妈也没想到，本来是在旅途中顺便填写一下的问卷，会给沐阳带来不一般的触动。沐阳自认为自己的调查问卷设计得非常棒，但是方阿姨一针见血地指出问卷存在的问题"都太空了""有点儿大"，而且告诉沐阳，他对待小动物的方式不太合适。沐阳一直是在赞美声中长大的，从没有想到会有人如此直接地提出不同的意见，这也让沐阳开始反思自己究竟做的够不够好。其实我们的教育很多时候都是建立在书本经验上的，这容易让孩子的思维局限在自己的一方天地里，并形成自我、自私的性格，很难听进去别人的建议。其实孩子们真正缺少的是结结实实的生活遇见和遭际，经历越多的孩子，越有敬畏心、知进退，并拥有通达睿智、宽容谦逊的胸怀。各位父母，不如挑个时间和孩子一起出去走走，见识一下这个大千世界，他收获的一定不仅仅是美景这么简单。

正如皮亚杰所说："社会互动是促使儿童去自我中心的方法之一。"这里的社会互动不仅仅局限在与同伴交往

的过程中,带孩子遇见不同的人,增加不同的际遇,可以让孩子逐渐接纳他人和减少利己行为,逐渐学会体察对方的感受,理解对方的不同观点。

"没事,你可以慢慢来":从沐阳的情绪出发,让孩子有进退和思考的空间

儿童受认知水平的限制,不能从对方的角度思考问题,如果不及时帮助儿童解除以自我为中心的困局,就会让他们逐渐养成自私自利的性格。很多家长就像蕉蕉妈一样,认为自己说的话孩子听了准没错,当孩子不听取自己的意见时,就会气上心头,久久不能平复,你越强势,孩子越不听,只会闹得鸡飞狗跳,陷入一个死循环当中。那沐阳妈妈是怎么做的呢?

三岁孩子嘴里的"不不不",十三岁孩子的"我不听你的",在养育孩子的路上似乎永远是满地鸡毛,不论你是说"听我的准没错"还是"你不听试试",似乎都收效甚微。究竟怎样才能把话说进孩子的心里呢?当方阿姨和沐阳说了有关调查问卷的问题之后,其实从沐阳内心来说,他并没有完全接纳方阿姨,从态度到观点都没有完全接纳和认同。沐阳妈妈始终将沐阳的情绪放在首要位置,她没有强求沐阳立刻消化,而是陪着沐阳默默走了一路,让他有一个消化和接受的空间,静静地等待沐阳主动开口询问。当孩子的情绪得以平复时,想事情也会相对理性和全面一

些。在这个基础上，家长再提出建议和反馈，孩子也就更加容易接受和采纳。

"你很棒""我为你骄傲"：顺势而为鼓励孩子，给孩子提出改变的意见

俗话说"恶语伤人六月寒"，很多家长明知对孩子发火是不对的，但还是会忍不住在孩子不听话时口出恶言。我们本意是一切为了孩子好，可是一时的情绪宣泄，带给孩子的却是无法忘却的心灵伤害，长期的批评和指责只会让孩子否定自己，产生心理抗拒。

想要让孩子听取自己的建议，就应该像沐阳妈妈一样，多夸赞，少责骂。但是这种夸赞也是讲时机和讲策略的，鼓励和表扬不应只存在于孩子成功的时候，家长更应该在孩子失败的时候给予孩子褒奖和表扬，和孩子一起面对他们的缺点和不足，鼓励孩子正视并解决问题，让他们相信努力的力量。

沐阳在听了方阿姨的意见之后，对自己的问卷产生了怀疑，此时沐阳妈妈没有去校正沐阳应该如何去修改问卷，而是夸奖沐阳"够好了，小伙子"，给沐阳心理安慰，第一时间抚慰孩子的情绪。沐阳妈妈从具体方面入手，一方面对沐阳耐心听取别人的意见进行鼓励，另一方面让沐阳自己动脑思考问卷该如何改进。

想要让孩子接受自己提出的意见，无论你多么想要跳

脚，先稳住自己的情绪，像沐阳妈妈一样，真诚地给予孩子鼓励，当孩子的自我价值被肯定，他就会产生自我完善的欲望，拥有内驱力，这样，孩子才能获得长足和稳定的发展。

非吼叫妈妈俱乐部亲子部　董卫娟　供稿

共读时光：参看《沐阳上学记·8·夏天纪念册》之《环保斗士在路上》。

非吼叫妈妈俱乐部

 偶像是虎妈：
怎样从青春期孩子的手里幸存下来？

 河东狮不吼：
哈哈哈，从小一直是乖宝宝的蕉蕉这是开始叛逆了？

 偶像是虎妈：
对，不爱洗头，不爱洗澡，每天走着上学，跑着回家。我们家每天战火纷飞。

 母慈子孝之二十四节气：
我家也特别爱和我唱反调，到了青春期可咋办！

 偶像是虎妈：
更年期遇上青春期，惨烈的不只是现实的成绩、生活，还有焦灼的关系与内心。

 河东狮不吼：
同意！请问孩子妈妈可以离家出走吗？

 老言无忌：
赞同，我也是怕自己家孩子出现这样的情况。

 一沙一世界：
我也想。

 课代表X酱：
这算是叛逆时期的小问题了，这个我有着丰富的经验和教训。

 偶像是虎妈：
快把经验传授给我，老母亲实在无计可施了！

八
如何安抚青春期孩子的反抗情绪？

每一个孩子都会经历一个人生中重要的阶段——青春期，孩子在这个阶段的改变是非常大的。著名心理学教授丹尼尔·西格尔曾说，青春期的孩子大脑发育经过第二次高峰，他们既叛逆、渴望有自身价值；又迷茫、冲动，容易产生怀疑。青春期的发展会为孩子以后的学习、工作、生活打下基础，对成长至关重要。沐阳妈妈也曾遇到过沐阳青春期的反抗，沐阳妈妈用自己对孩子独立人格的尊重以及对孩子的包容和关爱，有效地化解了沐阳处于青春期时的反抗情绪。

"让一个炸药桶安静地待着"：有的放矢让青春期安全绽放

青春期的孩子，就像一个炸药桶，说爆发就爆发，分分钟就被点燃。在家中后院有一个"炸药桶"的日子里，沐阳妈妈很细心地观察沐阳随着成长而出现的变化。沐阳妈妈清楚青春期是孩子成长之路的必经阶段,她没有逃避沐阳青春期出现的各种问题,而是欣然地张开怀抱主动拥抱,"亲爱的青春期,欢迎光临"。与其被动地为了应对孩子出现的问题而焦头烂额,不如主动去摸清孩子们进入青春期之后的特征和变化。家长的主动在孩子的成长历程中起着很重要的作用,青春期层出不穷的问题不至于令家长们应接不暇,从而被牵着鼻子走。摸清楚孩子在青春期这个特殊时期里的特征,结合每个孩子不同的性格习性,家长可以预测到孩子将来可能会遇到的问题,从而坦然地应对青春期这个难题。家长据此还可以主动地改变孩子日常接触的环境氛围,让孩子在一个最为有利的环境下成长。像沐阳妈妈一样适时地给予孩子正确的引导,让孩子的个性发挥最大优势,这样才能够塑造出孩子优秀的性格与能力。

青春期处于孩子成长的过渡期,这个时候孩子已经开始独立思考,渴望独立和自由,像脱缰的野马一样放飞自我,于是会出现叛逆的现象。孩子进入青春期,作为家长,要了解孩子行为背后的动因,这里既有生长时期普遍的共性,还有着每个孩子独一无二的个性。

让人头晕的"美发理论":尊重孩子的想法和意愿

孩子长大了,居然开始臭美了!对于让很多家长都十分头疼的剪发问题,沐阳也是如此,好不容易劝说他答应剪发了,可就算是剪头发也是非常挑剔,有各种各样奇奇怪怪的要求。有的家长可能会严厉地要求孩子的发型要规整，不顾孩子的意愿，使得孩子们心里怨声载道："好不容易摆脱了学校，家长又要念叨头发太长，难道是怕我浪费洗发水吗？"这可能就会造成孩子外在的逆反和内心的沮丧。沐阳妈妈则是陪着沐阳折腾几次去理发店，听着沐阳那套把理发师绕晕的"美发理论"，直到沐阳自己满意为止。青春期的家长应该像沐阳妈妈一样，以一个平等的心态去倾听孩子的诉求，尊重孩子的想法和意愿，不要将孩子作为家长的私有物而任意控制。

　　青春期的孩子就像一颗不定时的炸弹，在日常生活中，家长不经意的一句话，就可能成为引爆这枚炸弹的导火索。"孩子永远都是孩子"，不知道多少家长心中是这样想的，甚至早已驰骋职场多年的成年人，在其父母眼中也只是个孩子。父母呵护子女是人之常情，但同时不能忽视的是，孩子也是一个有着独立人格的人，尤其是对于处于青春期的孩子。青春期的孩子心智逐渐成熟，慢慢地渴望得到尊重与认可，作为父母应当尊重孩子的独立人格，不应以一个"过来人"的角度居高临下，去命令孩子听从。这样的家庭氛围会使孩子见了家长如同见了长官一样，家长吩咐什么，孩子就差敬个礼说"Yes，Sir"了。家长对孩子应像沐阳妈妈对沐阳一样，有着一颗真正的平等之心，做孩子的朋友，以一个旁观者的心态陪伴着孩子健康成长。但这种旁观并不是什么都不管，而是在孩子的自身力量不足以应对时，再以大人的阅历经验去引导孩子，这样才能让孩子成为一个自信、自立、自强的人。

拥抱"反叛之刺"：孩子的成长需要适度包容

处于青春期的孩子就如同小刺猬一样，正是满身都在长小刺的时候呢。而面对这些随时都竖着刺的"小刺猬"，家长们可以选择去拥抱孩子们的天性。沐阳妈妈在沐阳犯错误的时候、与沐阳意见不统一的时候，并不是不分青红皂白地批评、责骂，瞬间变为孩子口中的"母老虎"，而是会提醒自己努力平静下来，不能发火，做到"非吼叫"。孩子犯错误并不可怕，孩子的成长正是一个不断纠正错误的过程。在这个过程中，家长的态度往往起着至关重要的作用。有的时候，缺点和优点也不完全是对立的，换一个角度辩证地去看待孩子的缺点，可能蕴含着优点的萌芽，每个孩子的身体里都会蕴藏着一个小天使。事物都在不断地运动变化之中，缺点经过家长正确的引导或许也会发展成为优点。家长对于孩子的包容，更是孩子成长历程中的良剂。对于孩子的错误，家长应该抱有一颗包容之心，而不是一味地追求完美、苛求孩子，那样有时可能还会起到相反的效果。

但家长对于孩子的包容，绝不是无底线的纵容与溺爱。"度"，是事物自身变化的"程度"，事物内在的矛盾双方力量对比超过一定"限度"，事物就会出现变化，家长应掌握好包容的"度"。家长应该包容的是孩子会犯错误、有缺点的这个事实，人无完人，身为家长还会糊涂犯错误呢。但是家长不应包容孩子的错误，应接纳孩子犯下的错，帮助孩子看到自己的错误和缺点，让孩子从内心真正地认识到、及时地改正错误,而不是以包容的名义忽视孩子犯的错误。

非吼叫妈妈俱乐部亲子部　李竺　供稿

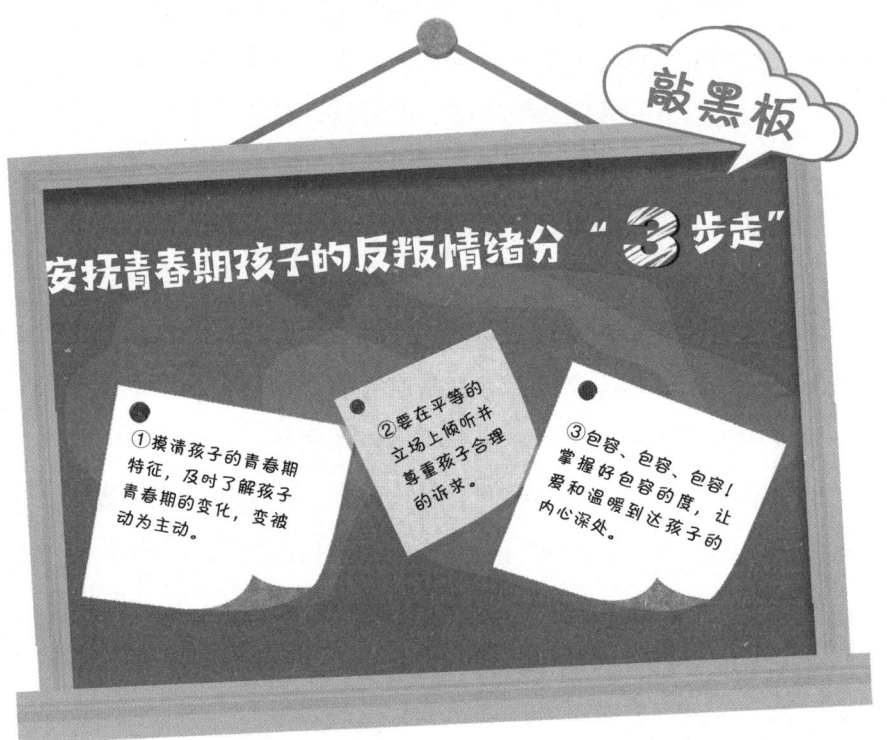

安抚青春期孩子的反叛情绪分"3步走"

① 摸清孩子的青春期特征,及时了解孩子青春期的变化,变被动为主动。

② 要在平等的立场上倾听并尊重孩子合理的诉求。

③ 包容、包容、包容!掌握好包容的度,让爱和温暖到达孩子的内心深处。

共读时光:参看《沐阳上学记·9·怪兽怪兽,我来啦》之《我们家族的故事》。

非吼叫妈妈俱乐部

偶像是虎妈:
我真的太难了!想在家干点活,已经第1001次被娃打断。谁能救救我,重重有赏!

一沙一世界:
那还不简单,动画片伺候!

偶像是虎妈:
不行,费眼!

老言无忌:
扔包地瓜干呀,嘎嘣脆那种,能啃半天。

偶像是虎妈:
也不行,费牙!

河东狮不吼:
那只能看书了,正好也符合你的人设。

偶像是虎妈:
看书是好,但是费妈啊!熊孩子分分钟都会跑来问我,妈妈这是啥字?

一沙一世界:
黔驴技穷,呼叫课代表!@课代表X酱

课代表X酱:
哈哈哈哈,这件事情请教常年在家赶稿的沐阳妈妈最合适不过了!

九
在家工作总被孩子打扰怎么办？

在家工作总被孩子打扰怎么办？相信这是大部分家长都遇到过的头疼事儿，尤其是 2020 年春节的特殊时期，全民宅家的状态让无数被迫居家办公的双职工父母崩溃。面对孩子的一再"进犯"，到底是暴力镇压还是温柔对待？明明有两个选项，却往往只有前一个结局。沐阳小时候也常常去打扰妈妈写稿，原因各式各样，搞得教授妈妈哭笑不得，但她在搞清楚儿子为什么出现这些行为之后，总能找到合适的方式温柔化解。

"一辆兰博基尼引发的战争"：孩子来打断你的工作，可能只是想引起注意

工作到一半，孩子突然跑来捣乱，在你的键盘上胡乱打字或者拔了你的电源线，请问你的第一反应是什么？打！肯定是打！辛苦付出的成果被人破坏，生气也是人之常情，但想用成人的权威达到暂时"镇压"的目的，结果反而是欲速则不达。尤其是孩子还小的时候，强压是万万要不得的，冷静、反思、换位思考、以理服人才是上策。

搞清楚孩子为什么来打扰你，是破解本文难题的第一步。是孩子无聊需要陪伴，还是他想引起你的注意？马斯洛理论认为，每个个体都有安全、归属和爱的需求，孩子亦然。但很多时候，由于年龄、认知、自我意识等主客观原因，孩子不会或者不愿直接表达自己的心理需求，而是将其外化为一种情绪或行为。这就需要家长运用智慧去观察和解析。

有一年寒假，沐阳在期末考试中取得了不错的成绩，他准备提醒老妈，兑现奖励。可那天，沐阳妈妈正在赶写《洞》这本书的导读，对于沐阳屡次"叨扰"不胜其烦，以至于爆发了"战争"。当沐阳流着眼泪"控诉"妈妈，永远都在写东西，永远都要"马上交稿"，永远都把其他事情排在他的需求前面时，沐阳妈妈沉默了。她意识到自己本该注意却偏偏忽视的细节，沐阳今天的所有行为只是想提醒她——注意买礼物的时间节点。她决定满足孩子被关注的需求，于是她迅速调整好自己的情绪和态度，向沐阳道歉，并且和沐阳一起上购物平台挑选礼物——一辆超级酷的遥控兰博基尼！

"大人也有完不成的作业"：和孩子谈谈自己的工作，告诉孩子为何要在家办公

孩子在你工作的时候来打扰你，很多时候是他并没有意识到你是在工作，而你工作时是不希望被打扰的。在孩子的思维里，家是生活和休息的地方，爸爸妈妈既然回到家里，就应该陪伴他，这和家长觉得工作不能被打扰一样，都是自己认为理所当然而对方不那么认为的事情。要破解这个问题，就应该树立规则，而树立规则之前，则是要跟孩子讲清楚自己为何要在家工作。

家长可以找一个适当的时间，用孩子能理解的方式谈一谈自己的工作。对于父母白天不在家的这段时间里做了一些什么，孩子是会好奇的。接着你可以告诉他，为什么除了白天的时间外，爸爸妈妈还要把工作带回家里做，是事情太多了做不完还是临时的任务，必须尽快完成。如果是事情太多了，父母可以告诉孩子自己也有完不成的作业，如果是临时的任务，可以告诉孩子是自己的老师临时布置的紧急任务，这样孩子更容易理解，或许他还会偷偷窃喜，原来爸爸妈妈也有完不成作业的时候呢！

解释清楚自己在干什么，为什么要干这些之后，就可以建立规则了。比如父母可以单独到一个房间里，把门关上，告诉孩子，爸爸妈妈在房间里的时候就是在工作，请不要来敲门，不然爸爸妈妈就会来不及完成作业哦。

"口头作文的'老油条'"：利用游戏化解孩子的情绪，约定好玩耍的时间

人们常说随处可见的教育，不如说是随处可见的游戏，因为游戏是孩子天生的减压神器，是教育最举重若轻的入口。当我们开始工作前，不妨先跟孩子约定，自己需要工作多少时间，工作结束之后就可以陪他玩耍。那么在自己工作的这段时间里，也可以跟孩子玩一个角色扮演的游戏，请孩子演一个"小小守护者"的角色，维护父母安静的工作环境和秩序，让孩子的等待也变成游戏。这会极大地调动孩子的积极性，让孩子觉得父母一直在他的游戏频道里，孩子就会产生安定的情绪。

但如果你发现孩子的情绪很激烈，不适合摆事实讲道理的时候，可以先放下手头的工作，抱抱孩子，听听他的需求，让他感觉自己是被关心的，要知道"妈妈先陪你玩一会"远比"妈妈干完活再陪你"来得有效。

有一次，沐阳的同学吴肖篮添了一个妹妹，他每天去学校都能听到吴家妹妹的新鲜事，于是心生羡慕，回家以后就吵着正在写作的教授妈妈，也要一个姐姐或者妹妹。沐阳妈妈很想随便找个理由搪塞他，好继续进行写作。但她望着沐阳热切的眼神，还是决定先放下工作，跟他玩一个口头作文的小游戏，之后再由沐阳决定是要姐姐还是妹妹。游戏规则很简单，就是每个人把自己想写的东西一边讲一边记录下来，看谁说出来的厉害就算谁赢。沐阳妈妈

先说，她说了一个雨的十姐妹的故事。说完后，沐阳傻眼了。他只想要一个姐姐或者妹妹，妈妈却一下子给了十个姐妹。这让他把自己对姐姐、妹妹那种又想亲近又怕被打压的真实情感一股脑儿、天马行空、畅快淋漓地表达出来，完成了一场真正的亲子游戏。

作为父母，陪伴孩子成长是一件幸福和奢侈的事情，不要因为在家办公这件事情的不恰当处理，影响了你去感受孩子带给你的充满讶异和惊喜的丰盈旅程哦！

非吼叫妈妈俱乐部亲子部　潘舒佳　供稿

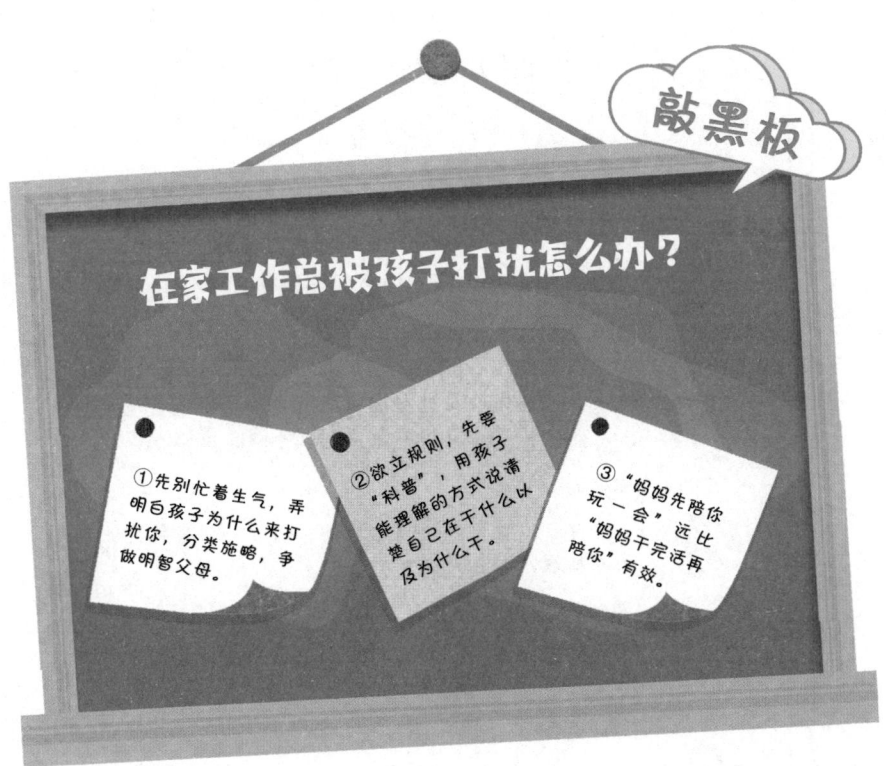

共读时光：参看《沐阳上学记·2·吃数字的数学狂人》之《好玩的口头游戏》。

非吼叫妈妈俱乐部

河东狮不吼：
我听亮亮打电话，说绿巨人和雷神打起来了！

一沙一世界：
那不是漫威里的超级英雄吗？是亮亮看的电影里的吧。

河东狮不吼：
亮亮好朋友的外号叫雷神，之前天天听他雷神长雷神短的，我还以为绿巨人也是他们同学的绰号呢。

偶像是虎妈：
那几个人追来追去反复打架，为了什么碎片的，我咋就看不明白是啥？

课代表X酱：
碎片是游戏里的特定材料，可以让游戏里的人物变强大。

一沙一世界：
不愧是课代表，这都知道！

课代表X酱：
我家娃他爸也喜欢这个，两人周末经常玩得不亦乐乎。我倒觉得他俩挺开心的，就当给孩子放松一下吧，哈哈。

偶像是虎妈：
你可真是"佛妈"……

十
孩子为什么都喜欢超级英雄？

大部分家长都困惑，为什么那些虚拟的机器小人那么有吸引力？几个人动辄打来打去，看多了学坏了怎么办？这些不光扰乱孩子的学习心思，还占用了大量空闲时间，孩子"玩物丧志"怎么好？然而，不论是苦口婆心，还是面红耳赤，孩子嘴上"嗯嗯"应付两下，实际还是当面玩、偷偷玩，照玩不误。说实话，沐阳妈妈曾经也很头疼，也有过焦虑，因为教授妈妈也不懂，且无法记住那些次元、英雄碎片到底是什么。但最终，沐阳妈妈找到了桥梁，那就是聆听，去了解沐阳真正的想法。父母们不妨在和孩子交流的过程中，听听在孩子心中，令他着迷的究竟是什么？

拉近亲子关系的秘籍：父母拜孩子为师，从自己的行动做起

当孩子追逐超级英雄、迷恋游戏时，大部分家长会使用苦口婆心或者呵斥的方式，然而换来的就是几句"嗯嗯、好的、知道了"和"偷鸡摸狗"（偷鸡摸狗：沐阳妈妈戏称，指沐阳在做作业的时候偷偷做一些与作业无关的事情）。沐阳曾经也非常热衷于一款游戏，几乎占用全部空闲时间不说，"偷鸡摸狗"的小动作也没少干。望着他坐在沙发上激情奋战的背影，沐阳妈妈心里十分焦虑：这种玩物会不会丧志？这个度该如何把握？

　　从本质上说，亲子沟通不是说教，而是改变行动。父母真正需要去做的是从改变自己开始，从改变对孩子的教养方式、改变孩子的生活环境开始。沐阳妈妈想，可能接受漫威是第一步。给沐阳讲《草原上的小木屋》，不如去和沐阳谈谈，他真正感兴趣的是什么，比如绿巨人。家长们或许应该打碎头脑中农耕时代、牧歌时代的固有观念，试着去接受那些不习惯、不喜欢的碎片、机器和"次元"。在接受了解的过程中，不妨把孩子当作老师，自己当作学生，主动向孩子学习新语言。

　　"PVP、PVE"是什么意思，他们有什么区别？沐阳天天念叨的"碎片"是什么？在沐阳妈妈和沐阳双向交流的过程中，沐阳妈妈抛出一个个问题，而沐阳也特别乐意为"有思进取"的老妈进行讲解。这样一来一去的过程中，不但增进了父母与孩子彼此的理解，增强了家庭的和谐，同时也加强了孩子的自信心。而且，孩子也会为有这样"紧跟时代"的父母而骄傲。

最强大脑 vs 最弱大脑的碰撞：偶像 battle，打开亲子沟通渠道

孩子喜欢超级英雄，喜欢玩游戏，有时候不仅仅只是玩，而是没有其他的倾诉渠道。有些孩子认为和父母很难交流，因为在孩子看来，父母永远在催自己写作业，逼自己做习题，吼自己背单词，孩子跟父母的沟通渠道有的时候就会被关闭，孩子只能在游戏中寻找存在感。

在任何情况下，父母都应该先试着深入了解孩子的内心，去体验他的情感和思维，再进行下一步的沟通。沐阳妈妈非常注重和沐阳在一起的时刻，两个人都是《最强大脑》的爱好者，经常讨论节目中的剧情，推崇自己的偶像，沐阳妈妈会引导沐阳说出他的观点和理由。这样就在母子之间架构了一个有效沟通的桥梁。所以，当沐阳妈妈主动和沐阳提起她以往并不喜欢的漫威的时候，沐阳一开始的反应是惊讶的、不相信的，然而看到沐阳妈妈认真聆听的态度，沐阳开始滔滔不绝地讲起了他在游戏中的心路历程，甚至给教授老妈讲起了课。

作为没有收入的"零元党"，沐阳想申购游戏中的69元礼包，如何能获得老妈的经济支持从而"脱贫致富"？一些家长也许在孩子刚开口的时候，就一口回绝："浪费时间就算了，还要浪费金钱？绝对不可以！"然而，沐阳妈妈认为，适当满足孩子内心的愿望，不否定孩子的意愿和诉求，会让孩子更好地接受我们的建议和要求，重要的

是父母要教会孩子如何恰当地表达，用合理的方式提出自己的要求，否则，孩子永远不会知道什么能得到，什么得不到，又该如何去争取。最终，沐阳发挥了他擅长的数学头脑，运用充分的数据分析："二十天就少了400个碎片，而且我每天少了1200个钻石，更重要的是这期间很可能有各种活动福利，我什么也没捞到……"，成功说服老妈做了"漫威赞助商"。这个过程，可以更好地帮助孩子培养理性消费观念、树立正确金钱观，这难道不也是一种成长吗？

做自己世界的蜘蛛侠：培养孩子的同理心，小人儿也有大英雄

大部分家长对求知欲和好奇心都非常熟悉，而同理心却不曾听说太多，甚至有的家长会觉得陌生。同理心，就是一个人能够感知和理解他人处境的能力。一个有同理心的孩子，才懂得尊重，善于理解，能体谅和关心别人。

沐阳妈妈在和沐阳沟通后得知，沐阳在游戏里喜欢带披风的人物，而且是拿短的武器或者不拿武器的人物，并且人物不要太高……这不就是李沐阳同学的翻版吗？当他在游戏中战斗的时候，在他为了胜利全神贯注的时候，在他专心致志、全力以赴的时候，那种拼搏感、成就感，以及帮助他人的信念会延伸到现实。在生活中，他愿意去帮助同学解答不会的数学题，在朋友受到欺负的时候挺身而

出，面对不理解时更加包容、更加融洽。

具备同理心的孩子，心中有爱，眼中有光，他们的未来会更精彩。

非吼叫妈妈俱乐部亲子部　滕晓阳　供稿

共读时光：参看《沐阳上学记·10·再见，儿童时代》之《漫威能不能拯救世界（上）》。

非吼叫妈妈俱乐部

河东狮不吼：
震怒！刚发现娃在IPAD上安装游戏，想浑水摸鱼，被我抓个现行！

老言无忌：
可怜的孩子，反侦察能力不行啊。

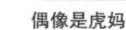
偶像是虎妈：
这就是你管控不严的后果，小孩子自制力很差的，必须现场监督！

河东狮不吼：
我才走开几分钟，这手速也太快了吧。

老言无忌：
得你真传啊，小时候偷偷跑去你家打游戏，你老妈突然回来，拿钥匙开门的那会工夫，你就把游戏机电池拆了，放回原位，锁好抽屉，拿起课本。那一系列行云流水的动作看得我目瞪口呆。

河东狮不吼：
友谊的小船已翻。

一沙一世界：
失敬失敬，原来是前辈。@河东狮不吼

偶像是虎妈：
@老言无忌这瓜好吃，还有吗？

母慈子孝之二十四节气：
啥瓜啥瓜，我来晚了，没看到片头。

老言无忌：
@母慈子孝之二十四节气干啥啥不行，吃瓜第一名。

十一
孩子沉迷游戏，家长如何做？

在互联网和电子产品普及的今天，这是大多数父母都将面临或正在面临的难题。很多家长视游戏为洪水猛兽，不惜用暴力阻止，但也因此埋下亲子战争的隐患，"副作用"明显。沐阳曾经沉迷漫威游戏，也在老妈的眼皮底下"偷鸡摸狗"（做作业的时候三心二意），但沐阳妈妈没有"一刀切"，而是巧妙地用"准备写漫威系列图书"的借口亲近儿子，和他聊游戏的设计和游戏里的人物，在搞清了儿子喜欢它的真实原因后，还特批了 69 元充值经费让沐阳摆脱"零元党"的困扰，这份宽容和智慧值得我们学习。

从接受漫威开始：尝试了解游戏世界和孩子沉迷其中的真实心理原因

在时代发展的洪流中，"00 后""10 后"这些"网生代"们的家长想要凭一己之力将网络虚拟隔绝于现实真实之外已然不太可能。既然如此，家长们不妨调整心态，放下偏见和标签，试着去了解网络文化和游戏世界，或许网络的虚拟会是另一种真实呢？家长们必须打破固有观念，以开放的心态去接纳孩子喜欢的世界，接纳那些可能自己不习惯、不喜欢的碎片、机器和"次元"，给孩子讲《草原上的小木屋》，不如和他谈谈绿巨人。这种开放，深呼吸之后的开放，尽可能放低姿态的开放，是和孩子畅快沟通的基础。

陶行知曾说过"游戏是儿童的天性"。孩子喜欢游戏是理所当然的事情，所以不要把玩不玩游戏作为评价一个孩子好坏的标准。家长不喜欢孩子玩游戏，实际上是焦虑。因为不懂，所以不知该如何面对。那么，在了解了网络世界后，接下来就要搞清楚孩子为什么沉迷其中。有的孩子是想借此逃避不如意的现实，有的是想体验有别于当下的生活，有的是好奇心驱使，还有的就是单纯喜欢在专心致志玩耍的过程中体验以智取胜的快乐，沐阳就是最后这类群体的代表。每次教授老妈嘲笑他不就是玩个游戏嘛，至于手脚冰凉，脸色煞白，那么激动吗？这时，他都无比气愤地望着老妈，觉得她无法理解一个真正的玩家的心理，玩就是玩，就是专心致志，就是全力以赴啊。而且这不是没有智力含量的小儿科，相反，在这个过程中，他需要开动脑筋，需要经过周密计算以便在一瞬间做出收益最大化的决定，这简直太酷了。《孙子·谋攻篇》道："知己知彼，百战不殆。"搞清楚孩子行为背后的真实心理原因才能帮助家长制订针对性的破题策略。

好汉也提当年勇：与孩子讲讲自己的游戏生涯，成为自己人

同理心，是情商的一个重要组成部分，重要的是要站在对方的角度来理解问题，将心比心，从而更能理解对方的做法，减少误会和冲突。家长们也是从孩童时代成长过来的，谁年轻的时候没有玩过几款风靡的游戏，没有泡过网吧？同样，孩子在这个年龄段也想拥有这样的体验。好汉也提当年勇，如果家长以谈游戏生涯为切入口，把年轻时候的辉煌战绩拿出来炫耀下，再做一次孩子的队友，在游戏的世界里与孩子齐心协力、并肩作战，共同为失败苦恼，为胜利喜悦，是不是一次很棒的体验呢？同理心会让孩子觉得你是自己人，而不是打入内部的"奸细"，这种被理解的欣慰会成为良好亲子关系的纽带。

就像沐阳妈妈一样，以"准备写漫威系列图书"的借口软磨硬泡让沐阳给自己讲漫威世界，沐阳表面上很不以为然，心里其实很开心。因为平常自己主动跟老妈讲漫威，她根本不听，这次老妈主动示好，怎么能错过呢？于是他从次元裂缝讲起，从刀锋战士、雷神，讲到绿巨人、红巨人和原来漫威漫画里完全没名气却在《未来之战》的游戏中意外强大的蛛丝女，讲到生存为什么对输出而不是对毁灭，游戏机制有什么值得改进的地方，甚至聊出了游戏哲理。这场愉快的谈话在"零元党"自我拯救、积极脱贫致富的胜利中结束。沐阳妈妈这招与孩子成为自己人的战术显然

非常奏效。

玩多久，怎么玩：让孩子参与制订规则，不简单粗暴剥夺孩子的游戏权利

大禹治水胜在疏而不是堵。简单粗暴的管理方式在孩子身上是行不通的，尤其是青春期的孩子，甚至可能造成比较大的心理隐患。一味地堵，必然会让情绪和需求在其他地方释放，如果是一个坏的出口，危害更甚。所以面对孩子玩游戏这件事情，家长在清楚了解孩子的需求后，可以与之商量制订大家都比较认可的规则。这种共同参与的公平也能给孩子愉悦的心理体验。比如沐阳每周都有"周末特惠"时光，在这段时间里，他可以自行选择追喜爱的美剧或者综艺，也可以玩游戏。尤其是看电视环节，还发展成了全家互动的模式，在这种轻松愉快的氛围中，孩子和家长也可以借此来沟通平时积攒的问题和矛盾，相信效果会出人意料。

大家一起商量玩游戏的频率和时长，同时设定奖惩机制，表现好可以增加多少时长，表现差则需要扣减多少时长。同时制订全天的计划表，把其他必要的事情完成后才能进入游戏环节。至于是否能够充值，也可以以民主的方式讨论决定。如果是小金额的娱乐性质的，在孩子提出并且能说明确实需要的情况下，家长可以接受。而充值的钱怎么来，是从压岁钱里扣除，还是平时做家务获取报酬，则可以根据实际情况来定。与此同时，家长也要为孩子创造丰富多样的课外生活，读书写字、观剧观影、徒步旅行都是不错的选择，既能转移孩子的注意力，又能拓宽视野、锻炼才能，一举多得。明智的家长，还不快快行动起来！

非吼叫妈妈俱乐部亲子部　潘舒佳　供稿

Q 共读时光：参看《沐阳上学记·10·再见，儿童时代》之《漫威能不能拯救世界（下）》。

非吼叫妈妈俱乐部

河东狮不吼：
完了！完了！完了！@所有人

偶像是虎妈：
咋了？又有啥劲爆新闻？？

河东不狮吼：
恋爱了！恋爱了！他恋爱了！！！

课代表x酱：
哟，早恋！大新闻，你家娃从12岁就开始积累经验了，有出息！

一沙一世界：
不要慌@河东不狮吼 先看看发展到什么地步了！

河东不狮吼：
情书和礼物都收下了。

偶像是虎妈：
那把情书给他撕了，再把礼物没收。

老言无忌：
这有点不好吧@偶像是虎妈

课代表x酱：
或许人家只是纯粹的革命友谊。

一沙一世界：
青春期的孩子相互吸引很正常，先不要激动……

偶像是虎妈：
肺都被气炸了吧，哈哈哈哈，养娃太难了！

十二
如何引导青春期孩子进行人际交往？

如何引导青春期的孩子进行人际交往？父母无条件的爱与坦诚相待，尊重孩子们之间的纯真友谊，用欣赏的眼光看待孩子是父母亟须探索的路径。沐阳也经历过荷尔蒙分泌旺盛的青春期，在这样一个容易吸引与被吸引的年龄，沐阳也收到了人生的第一封"情书"，不仅如此，他还与他的妈妈"共享"了这封情书。沐阳妈妈不仅欣然接受了这样的分享，还被这份美好所感动，更为沐阳能获得这样的青睐所欣喜。有了老妈的理解与陪伴，沐阳既维系了良好的人际关系，也收获了一份美好纯真的少年友谊。

从一棵"家族树"开始：与孩子一起沉浸于他们的世界

接受孩子的成长是一个慢的过程。这个"慢"就是要家长把心放宽一点，把对孩子的要求放低一点，给予他们足够的个人空间。尤其是青春期的孩子，他们一旦被过度管束，就会变得更加叛逆或者丧失自我调适的机会，那么保持适当的距离和有效的"靠近"就显得十分必要。"靠近"是需要讲究方法和策略的，在家庭中，良好的亲子关系首先源于以真心换真心。获取孩子信任的前提是父母要放下自己的身份，与孩子从朋友做起。孩子希望得到认同，希望家长与自己平等相处。家长要在朋友和家长的角色之间合理转换。

沐阳妈妈一直是沐阳的好朋友，沐阳有喜悦、有哀愁、有收获，都会跟她分享。青春期的沐阳和同伴们一起构建了一颗"家族树"，这棵树上有爸爸、有妈妈、有儿子、有女儿这样的"枝条和叶子"，还有属于他们自己的独特语言——暗号。沐阳妈妈早就知道沐阳他们的"家族"，她不仅没有制止沐阳的做法，反而觉得好玩，还不时间问家族的新情况，与沐阳一起沉浸于他们的世界，去一步步靠近他们。当沐阳收到父亲节的礼物时，他第一时间与妈妈进行了分享。因为他知道当他想说青春期男生女生那些事儿时，有一个很好的伙伴，这个伙伴在需要她给出建议的时候，她会踊跃地建言献策；而在需要她倾听的时候，她也一定会做好一个倾听者。而当沐阳妈妈亲自读到这一封来自异性好友写给沐阳的信时，沐阳妈妈感动极了，她的感动不仅仅在于沐阳那么透明地向自己敞开心扉，更在于他们家族里其他孩子对于他的评价。青春期的孩子需要被倾听被靠近，在这个过程中，真心实意的爱与愿意融入是第一步，当孩子信任你时，他就会把自己的心展现给你，而家长需要做的就是倾听，让孩子畅所欲言。

难得糊涂的间谍：保持与孩子的沟通分寸

有人说，家里有一个青春期的孩子，就好比后院有一桶炸药。家长时时担心这一桶炸药的爆炸时间，但往往引爆这桶炸药的导火索，是父母的"过度敏感"。操心的老爸老妈总是像特务一样，热衷于搜寻孩子身上的蛛丝马迹，一个小问题也要用放大镜放大，并进行"立案调查"，最后再轮番上演一场家庭版的"严刑逼供"。明明是同学之间的美好友谊，非要来个小题大做的断舍离，把家里搞得乌烟瘴气。这样的过度敏感导致原本很难主动靠近父母的青春期的孩子，变得更加疏远父母，亲子之间的交流变得越发艰难。孩子抱怨着父母不懂自己，而父母继续唠叨着：都是为了你好。

青春期的孩子们对于外界的一切都是敏感的，同伴间的互动交流、父母和老师给予他们的评价都会对他们产生影响，于是他们通过使用暗号的方法，既能躲避大人的追问，又能在同伴的交流之间传递出一些遐想和趣味。在沐阳妈妈看来，这是青春期正常的人际交往，并不是所谓的"恋爱"，更不需要演绎"孔雀东南飞"的闹剧。

小学、中学时期，孩子们之间萌发的感情还远远算不上"恋爱"。我们不去阻止孩子喜欢异性，但也不鼓励他们去谈恋爱。与异性的正常交往，他们才会知道自己对异性的那些感觉，到底是冲动，是好感，还是友情。其实，这个时候孩子的逆反心理本来就强，如果我们强硬地去禁止和反对，反而会让孩子的感情燃烧得更炽烈，支持、淡化处理反而是明智的方法。父母千万不要用自己的成人经验来替代孩子的想法,去轻易否定他们的友谊,甚至破坏他们的友谊,而是应该和他们一起守护美好。

孩子三段论:他是一个孩子,他只是一个孩子,他不只是一个孩子

我们也不能动不动指责孩子是个"坏"孩子。对孩子感兴趣的事物表现出兴趣以至于欣赏,切莫用自己的喜恶来评判孩子的鉴赏力。要知道,孩子对父母的价值判断非常敏感,父母反对他所喜欢的,他会感到焦虑和冲突,容易和父母抬杠。

如果用平等、尊重,甚至欣赏的眼光来看待孩子们的所有,你会由衷地觉得他们幽默而美好!孩子的成长本身就是一个不断犯错、不断纠正的过程。沐阳妈妈在读沐阳的女同学写给沐阳的信时,坐在书桌前缓缓地展开信纸,一边读一边在想象写信的这个女孩的美好样子,还反复读了很多遍。可以看出她很珍视孩子们之间的友谊,而这份珍视源于她对待孩子们时的"欣赏的眼光"。"欣赏的眼光"也让教育这件事变得从容起来。沐阳温和的性格,也多源于这样的培养方式,沐阳妈妈说要做聪明的父母,不仅不会在意眼神中的不信任、尖锐和对抗,而且应该感谢这样的逆反带来的家长对青春的重温和逆向思维。孩子身上的叛逆,也有着我们过往的影子。无条件的爱和敞开,延续

到青春期的交往中，或许就是成长中重要的情商的逐步培养与获得。用欣赏的眼光看待孩子的所有，不仅是父母的从容，也是教育的从容。

非吼叫妈妈俱乐部亲子部　何娟　供稿

共读时光：参看《沐阳上学记·9·怪兽怪兽，我来啦》之《送给十二岁"爸爸"的礼物》。

非吼叫妈妈俱乐部

母慈子孝二十四节气:

娃今天回来让我去买速效救心丸,以防万一。数学和语文都没考好,关键他说要吃8颗,少了不行,会送去急救。

老言无忌:

提前打预防针,看到结果,估计可以少吃几颗。

母慈子孝二十四节气:

他现在没心没肺的,以前考不好回来还会哭一哭的,现在完全不在乎了。

河东狮不吼:

到底考了几分啊?

母慈子孝二十四节气:

哎,说了都是泪……

课代表X酱:

多儿那么爱看书,语文不会很差吧,陪娃好好订正下试卷。

偶像是虎妈:

再来点妈妈牌作业!蕉蕉报了个线上数学课,我把资料包发给你。

母慈子孝二十四节气:

谢谢共享,我也整了个心理安慰。

老言无忌:

话说网课靠谱吗?耿耿上英语网课第二天,据不完全统计,50分钟内打了8个哈欠,我打了俩……

十三
孩子没考好，家长该怎么做？

孩子没考好，家长该怎么做？吼叫、吼叫，鸡飞狗跳；冷静、冷静、再冷静，换个姿势母慈子孝。调整心态、转变观念、寻找对策才是家长面对孩子考砸时的正解。

沐阳，作为作家的儿子，作文偏偏写得不怎么样，现代文阅读更像一个迈不过的坎儿，语文成绩很少能突破80分。尽管沐阳妈妈向来对沐阳的成绩不做要求，但面对沐阳的困惑苦恼，一度也很焦虑。沐阳妈妈的教育理念是把关注孩子的情绪放在家庭教育的首位，理顺孩子的情绪后再回到学习上。她努力使自己保持平静淡定的心态，不被分数牵着鼻子走，给予孩子成长的时间和空间，让沐阳重新拾回了热爱数学的初心，同时语文成绩竟也得到了惊人的提高。

合斗"现代文阅读":陪伴孩子订正试卷,认真对待每一次学习

沐阳妈妈说,陪孩子做订正,并不是说你要手把手教他,而是要给孩子一个坚定的态度。陪伴不是一股脑地纠错,不是监督,更不是指责,而是从心理上愿意与孩子并肩作战,共渡难关。为了打败"现代文阅读"这个怪兽,沐阳妈妈竟然选择闭关"绝食"做各种试卷,研究解题秘籍,态度之坚定,日月可鉴。她用实际行动传递给孩子"不可怕、不灰心、必胜"的信念。家长不妨试着静下心来,以战友的角色陪伴孩子啃下每块"硬骨头",和孩子一同前进,鼓励他,信任他,让孩子积极判断自己的能力,感受到父母无条件的爱和家的安全。

都说考试是衡量学习成果的标尺,尺里面它还藏着宝——考试也暴露出孩子的学习问题,正是查漏补缺的好机会。看着试卷上密密麻麻的红叉叉,纵使你百感交集,也要心平气和地告诉自己:"一起订正,发现孩子的知识盲点,填补空白。"与孩子站在同一战线上共克时艰,击溃一个又一个"拦路虎",给孩子充裕的思考时间,去咀嚼吸收,让知识点走脑入心,有效干预孩子情绪波动、信心不足、知识断层、学习方法不对、效率低下等问题。

火候到了味自美：学习是积累和等待的过程，家长要有耐心

可以这么形容：沐阳的作文是笨拙的文字，平常的生活，真实的感受，有点啰唆没文采，分数通常比较低。他常常为自己写不出"高深的句子"而苦恼，他的作家妈妈也曾有过人为拔高的想法，但她很快转换角度看问题：一个孩子的作文真实有趣，不是毛病，没有必要订正。从笨拙的文字到"高深的字句"这中间的跨度需要时间积淀，沐阳的父母知道孩子的理解力和水平还没有达到那个高度，还没开窍，硬塞给他一些得分秘籍，会破坏孩子的纯真和原有的写作风格。最终沐阳妈妈选择等待。事实证明，她的做法是正确的。沐阳的 90 分作文《我的妈妈》便是"慢生长"最好的印证。

许多家长觉得自家孩子理解不了、听不懂，是技不如人，是笨。其实不然。人与人之间原本就存在个体差异，每个孩子的天资禀赋、成长节奏都迥然不同。只要孩子在努力，父母就要给予肯定，耐心等候。忽略过程，只求结果的做法可能提分很快，却不能持久。沐阳父母用等待帮助沐阳完成了语言、悟性上的自我成长，让他明白平日的积累、观察、思考足够有意义，语文的学习不能一蹴而就。中国台湾著名成功学大师黑幼龙在《慢养》一书中也说："养孩子就像种花，要耐心等待花开。"给孩子足够的成长自由，是对孩子作为独立的生命个体最大的尊重。这样慢慢用时

间浇灌出来的孩子，心智发展才更健康、更完善。

"安"的人生境界：放下过重的得失心，保护孩子的探索欲

沐阳进入培优班后，数学成绩一度起起落落，还天天询问别人的成绩。沐阳妈妈觉察到孩子的焦躁情绪时，又是如何做的呢？报个补习班，或搞题海战术，提高成绩超越他人？都不是。她不愿看到沐阳对成绩的关注度远远超过对数学本身的兴趣，从而失去学习的快乐。在沐阳妈妈看来，分数是暂时的，孩子良好的品德和心态、远大的格局和眼光、持久的探索欲和求知欲、幸福感等综合素质远比高分、名次更重要。她撇开成绩，简单地做了两件事：找沐阳的老师沟通；告诉沐阳焦虑产生的原因，问题迎刃而解。

沐阳的老师送给沐阳一本《安的种子》，书中折射出的哲学境界恰恰表明老师的态度：相信沐阳，给沐阳进退和思考的时间，希望沐阳能像"安"一样，不急不躁，做自己喜欢的事，静待花开。沐阳妈妈则直接指出沐阳的问题所在，比如太在意分数、比较和得失，完全忘记学习数学的初心；告诉沐阳要享受和对手交锋的乐趣，体会天外有天的人生境界，努力去摘自己的"桃子"。好的谈话、好的书籍，胜过做一百套题。很快沐阳便跳出了分数的牢笼，重新回归沉浸、享受的学习状态。

当代著名教育家朱永新曾在《是谁让中国孩子这么累》一文中谈到，成长比成绩更重要，好教育首先应该让孩子有身体、心灵成长的空间，与大自然亲近的时间，与社会接触的时机，应该让知识与生活、生命真正产生共鸣。父母应该更关注孩子的心灵和人格成长，而不应该将成功狭隘的定义为高分。

因此，家长对孩子的期待要合理，设定目标时要以孩子"跳一跳能够着"为大原则，让孩子找到自己最合适最舒服的位置和发展空间。不要让"分数至上论"过早地扼杀孩子对世界的好奇心，丧失对学习的乐趣和热情。

非吼叫妈妈俱乐部亲子部　武秀峰　供稿

🔍 共读时光：参看《沐阳上学记·9·怪兽怪兽，我来啦》之《安就是一个小小孩》。

非吼叫妈妈俱乐部

河东狮不吼:
这个"五一"小长假大家怎么安排?

一沙一世界:
我家这次准备去个山清水秀的地方。

河东狮不吼:
我也觉得人多的地方没什么意思,光看人头呢,看看大自然,挺好。

老言无忌:
干脆这次我们来个家庭聚会?

一沙一世界:
太棒了,同意同意!

老言无忌:
我还有个想法,让娃娃们都不要带电子产品,不然就没意义了。

河东狮不吼:
那某些娃估计得急眼了,天天眼睛跟长在平板电脑上一样,得闹腾哈。

老言无忌:
我觉得,咱们几个家长的手机除了联络的时候用,到达聚会地点时,手机全部上交!敢不敢?

偶像是虎妈:
哎呀呀,我能不能中途收个蚂蚁森林能量?

母慈子孝之二十四节气:
哈哈哈,你可以去树林里找真正的蚂蚁收能量。

十四
为什么要鼓励孩子接触大自然？

如果提及大自然，大部分家长都会有值得回忆的童年画面：和小伙伴漫山遍野奔跑，去潺潺小溪中戏水、摸鱼捉虾……如今的孩子似乎很幸福，拥有各种最新款手机和平板电脑，随时随地都可以联网冲浪，但其实不知不觉中，孩子就对网络世界产生了依赖性，越来越迷恋网络。有时候家长带着他们去踏青郊游，孩子反而觉得一点都不好玩，在他们的眼里，有趣的不是那些活生生的古树，不是突然出现在眼前的小松鼠的问候，而是来自虚拟世界的战斗同盟。沐阳就曾经十分迷恋一款名叫《漫威》的游戏，每天一有时间就要抱着平板电脑，屁股都懒得离开那张椅子，写作业时也要随时"偷鸡摸狗"。外出郊游的时候，也想将平板电脑随身携带抽空玩两下。如何才能让孩子回归自然，给孩子一个不被网络控制的童年呢？沐阳妈妈的做法值得我们参考。

从感知自然开始,帮助孩子打开感官

在现代社会,孩子们的生活"被去自然化"已经变得越来越普遍。孩子们被过度的物质所包围,远离自然,沉迷于网络,他们经常会患上各种奇怪的城市病。"大自然缺失症"(nature-deficit disorder) 这个说法是由美国作家理查德·勒夫提出来的。指的是现在的青少年到户外、空旷的乡间活动的时间越来越少这样一个现象。孩子们大部分的时间都待在室内,他们拥有五花八门的最新潮电子产品,看似无需出门,在网络上就可以畅游世界。然而,他们确实缺少与大自然亲近的机会。

沐阳妈妈经常给沐阳创造感知自然的机会。在带着沐阳去得州山野郊游的时候,安静的福林忒湖中多姿多彩的热闹世界,令沐阳深深着迷,他望着那成群结队、没心没肺的鱼群不禁感叹:"鱼儿真幸福,偷吃成功又逃脱成功,除了玩就是玩!"田园随性,鱼儿在水中是最好的生活,而大自然的野趣对现在的城市孩子是最好的。家长们可以像沐阳妈妈一样,积极帮助孩子感知自然,从开放他们的感官开始,一步一步地带领他们走进更广阔的世界。带孩子去郊游、踏青,让孩子们听听大自然的声音,获得更深的体会。孩子们将会有很多"意想不到"的回报。

大自然是孩子生活中最美的老师

奥克兰大学针对"幼儿和自然的联结",曾经调查了来自 493 个家庭中 2~5 岁的孩子。结果表明,那些更亲近大自然的孩子,更能表现出分享、合作、关心、助人等对别人或社会有益的行为。沐阳对电子产品的深度迷恋一度让沐阳妈妈特别担忧:现在的孩子面对越来越科技化的未来,他们是不是缺失一种和天地万物的亲近和心灵感应呢?

大自然是把孩子从电子产品拉回到真实世界的唯一手段。要让孩子远离手机,家长们需要迈出第一步——走进大自然。沐阳妈妈认为,大自然是一位非常好的老师,自然和季节会营造不同的学习场景,在自然中的一个场景、一次经历,孩子们可以学习到的,不仅仅是一本书中的知识。有时,体验和目睹它比在教室里学习产生的影响更深远。沐阳在多次亲近大自然的过程中,不仅向外公学习到了钓鱼技巧,还分析了那些树啊湖啊的形状、功能和地理位置的区别,等等。这些来自大自然的经历就像火花,不仅让孩子体验了生活、丰富了内心,还能点燃他们对未来真正的向往。

放下电子产品:走进大自然,跟孩子一起成长

这样的场景家长是不是很熟悉:不开电视,孩子就不吃饭;不让玩手机,孩子就哭闹不止;一玩起游戏,又谁叫都不搭理?讲道理或者强行没收效果都不好。那怎么办

呢？让孩子远离电子产品，需要通过亲近大自然，把他一步步拉回到真实世界中。其中，家长们的陪伴尤为重要。许多家长带孩子出去亲近大自然，只是将孩子"带"到目的地，自己却刷起手机，美其名曰让孩子自由玩耍。而当孩子看到爸爸妈妈在刷手机，他们也只会回想起电子世界里的刺激、有趣，忽略了身边的一草一木，当然会觉得大自然是索然无味的。

家长应该和孩子一起走进大自然，这是一个相互引领的过程。大自然中的一棵树、一朵花、一条河都会像生命的印记一般刻入孩子的脑海。家长的一言一行对孩子都有潜移默化的影响。沐阳家在山林之行前，沐阳妈妈与沐阳商议，不带任何电子产品。刚开始沐阳还有些吵闹后悔，但随着旅途的深入，在悉尼姨夫的带领下，沐阳追随着小溪里的大嘴鲈鱼鱼群，徒步穿过光秃秃的橡树林，趴在草丛中寻找鹿的粪便踪迹，大自然用它的魄力深深吸引了沐阳，将他没有带平板电脑的后悔抛之脑后。

让孩子体验什么是大自然生活，什么是美。只有通过深刻的体验和感受，才能赋予文字生命，才会懂得可以用最简单、纯洁、美丽的笔触，画出繁盛的花朵。来自大自然的记忆将被孩子永远铭记，就像空中的彩虹，美丽地悬挂在心中。

非吼叫妈妈俱乐部亲子部　滕晓阳　供稿

> 共读时光：参看《沐阳上学记·10·再见，儿童时代》之《假日旅行记》；《沐阳上学记·9·怪兽怪兽，我来啦》之《鱼有哪些快乐（上）》《鱼有哪些快乐（下）》。

非吼叫妈妈俱乐部

河东狮不吼:
最近娃天天跟我抬杠,怎么办?

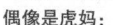
偶像是虎妈:
快说说咋回事?

河东狮不吼:
我叫他多吃蔬菜,他说多吃肉才有营养;我叫他下雨天穿雨鞋,他说穿凉鞋更透气。理由还一套一套的,不知道从哪学来的。

老言无忌:
我家娃天天这样啊,不然我怎么会吼到声音嘶哑。

课代表X酱:
恭喜两位,你们的娃都在迈入人生新阶段。

河东狮不吼:
什么情况?不要骗我!

老言无忌:
抬杠居然是进步的台阶,哦不,阶梯?

课代表X酱:
两位,这不叫抬杠,叫辩论!孩子跟你辩论,说明他的逻辑思维在发展,你要抓住这个机会,帮他打造最强大脑!

河东狮不吼:
我的天!这个观点我需要一顿下午茶的能量来消化!

老言无忌:
我要十顿!

十五
如何用辩论来锻炼孩子的逻辑思维？

孩子爱上辩论是逻辑思维发展到一定程度后必然会到来的，沐阳也经历过这个阶段。有段时间，他天天缠着妈妈当自己的对方辩友，自己说的每一句话都要求妈妈来反对。沐阳妈妈敏锐地捕捉到孩子思维发展的这一特定时期，在他感兴趣的节骨眼上，稍微发挥了一下教育的功能，引导沐阳学会正确辩论，达到了事半功倍的效果。

"绿巨人和超人谁更厉害"：从生活中具有真实触感的事件切入

辩论不是抬杠，这是家长首先要认清的一个事实。孩子在探索世界的时候，必然会预设很多前提，然后去挑战和破解，反对、批判是很有意思的成长课题。孩子就是在思考、质疑、发问的过程中逐渐认识世界和事物的本质的，也是在这个过程中获取自身逻辑思维能力的快速提升。所以，当孩子的辩论精神悄然萌芽的时候，家长一定要及时调整好自己的心态，不要觉得孩子是在跟你对着干，更不要粗暴地要求他必须执行你的命令，可以尝试换位思考去理解他的行为。

学习辩论之初，我们不用急于探讨太深奥的话题，留心观察，试着从熟悉的生活里抓取素材，说不定会有很好的效果。有一阵，沐阳和同学们特别爱看《复仇者联盟》这个电影，"绿巨人和超人谁更厉害"就成了热门辩题。洪宇王认为，超人最厉害，而且超人分不同时代，比如白银时代超人，能一口气吹灭太阳系；吴肖篮则认为，绿巨人最厉害，因为他的力量可以无限增强，对手越强，他越愤怒，就会因为愤怒而越强壮，最后干掉对手；沐阳赞同吴肖篮的观点，因为这是遇强则强，这种强是很可怕的，搞不好是没有止境的。他们就这样争论不休，乐此不疲。像这类孩子生活中拥有真实触感的事件能帮助初识辩论的他们快速上手。

那怎样才是正确的辩论方法呢？让我们跟着步骤走：第一步，确定辩题，这个辩题一定要明确且存在巨大分歧，不可模棱两可；第二步，双方确定自己的观点；第三步，组织论据论证观点；第四步，也是最关键的一步，就是认真倾听对方的表述，找到对方的逻辑漏洞并且有力地反驳。就像莫里斯说的，"要做一个善于辞令的人，只有一种办法，就是学会听人家说话"。

"对方辩友"VS"对方槽友":变换身份体验辩论的多样形式

辩论是一项技能,学完理论,还得实践。这个时候,孩子就需要一个合格的"对方辩友"。家长要努力胜任这个光荣的角色,听娃指挥,随叫随到。我们的沐阳妈妈可是模范辩友哦,当沐阳睡觉、吃饭、喝水都在念叨辩题的时候,她无论多么困、多么渴,都会全力配合。而且她这个"对方辩友"不仅仅是陪衬,还会反击,要给对方找碴儿使绊子揪辫子,直到他自相矛盾、丢盔弃甲。

孩子的思维和语言是受自身年龄和环境制约的,有局限也有特质,所以在辩论时,家长不要以成人的思维去衡量和干预,尝试理解他们天马行空的想象和童言无忌,相信孩子会给你惊喜。有一次,沐阳和爸爸辩论经典话题:"人是否可以在一生中两次踏进同一条河流?"爸爸是正方,他是反方。他的辩论独辟蹊径,他告诉爸爸:"人不可以两次踏进同一条河流的理由是,第一次一条鳄鱼先从这里经过了,然后你踏进了河流里,结果你正好碰到了另一条鳄鱼,所以你就不能了。""如果情况更糟一点,你第一次就碰上了一条鳄鱼,这条河岸你都没法到达,因为鳄鱼会爬上来晒太阳,鳄鱼不吃掉你才怪。"面对沐阳的陈词,尽管爸爸妈妈双双笑趴,但他们肯定了沐阳奇特的思考角度,河流难道不应该有各种生物吗?这些生物里难道不包括鳄鱼吗?这场辩论沐阳胜出,奖品是一杯可以放果仁和葡萄干的酸奶。在这份荣誉背后，是家长开明、呵护、豁达的教育智慧在闪光。

"白马非马"：让孩子见识辩论的高度和角度

除了日常生活引发的话题外，家长也可以根据孩子的实际情况，在适当时候拔升高度，为孩子埋下前进的种子。

沐阳还是小学生的时候，爸爸就跟他辩论过白马非马的论题。这是一个著名的逻辑问题，出自《公孙龙子·白马论》。公孙龙说："马者，所以命形也。白者，所以命色也。命色者，非命形也，故曰白马非马。""马"是对物"形"方面的规定，"白马"则是对马"色"方面的规定，对"色"方面的规定与对"形"方面的规定，自然是不同的。这是一道关于概念的辩题，当然，它超出了沐阳的认知。

所以当爸爸提出"我这个马是集合的马，是概念的马，所以你的白马根本不是马"的时候，沐阳虽然没有立刻听懂，也不知道什么是概念的马，但他显然感觉到这是个有威胁力的切入点。他急得大叫："什么概念的马，乱找一匹不存在的虚幻之马，怎么会是我的白马——它是一匹真正的白色的马。"不管沐阳在似懂非懂间是否接纳了"概念辩论"，他算是见识了这样的高度和角度。

辩论是综合能力的对抗，知识面的广度和深度都很重要。孩子们在平日里要多加积累，增加阅读量，扩展阅读面，尤其要多读哲学类的书籍，让自己在辩论中有据可依。同时要多看高质量的辩论赛,学习和借鉴他人好的辩论技巧。当然,多多练习也很重要哦!辩字双辛,贵在坚持。相信持之以恒的努力一定会让逻辑思维之光在孩子们的小脑袋里绽放!

一起加油吧,亲爱的双方辩友!

非吼叫妈妈俱乐部亲子部　潘舒佳　供稿

共读时光:参看《沭阳上学记·5·小猪小猪噼里啪》之《亲爱的对方辩友》。

非吼叫妈妈俱乐部

河东狮不吼：
姐妹们，帮帮忙！一年一度的大日子又要来了！我家娃下个月要过生日了，买什么礼物，帮我想想呗？

一沙一世界：
你这一惊一乍的，问问他喜欢啥就买啥呗。

河东狮不吼：
这不是老母亲的惊喜嘛！得费点脑筋。不像咱们小时候，哪有生日礼物，当天能吃到老妈亲手做的一碗荷包蛋面就很满足了。

一沙一世界：
嘿嘿，我家娃乖巧的很，早早提出，今年生日愿望是想和爷爷奶奶一起去旅游。不过因为疫情，这个礼物先作为保留项。

河东狮不吼：
现在出不了门啊，都待在家里。干脆，送他个补课大礼包吧！

偶像是虎妈：
姐妹们我来小吐槽一下，对事不对人啊！之前班上每每有娃过生日，孩子就带回来一堆零食、玩具，还会说谁谁谁收的礼物多。我们不能助长攀比风气啊！

母慈子孝之二十四节气：
这个我倒是颇有感触……不过我家娃还是很喜欢约朋友集体过生日。

课代表X酱：
其实孩子需要的，不仅仅是礼物，更是享受着大家一起陪伴和爱护的快乐。

十六
如何给孩子过一个有意义的生日？

现在的家长大多都很重视孩子的生日，在孩子过生日时，或组织聚会、请客，或给孩子买一大堆喜欢的玩具，或给孩子放几天假。这样一来，孩子会觉得过生日就要吃得好、玩得好，同学之间还要比比谁的生日更阔气，有时候就形成了一种不好的风气——要么是为了满足孩子的需求，家长无奈顺从；要么就是孩子们的需求被无视，孩子无辜地被拒绝。也有的家长认为孩子的生日要过得有意义，然而生日是否有意义，这只是大人的认定，对孩子来说，什么才是他们想要的生日呢？

沐阳觉得，生日就意味着蛋糕上的蜡烛又多了一只、老妈的絮叨又多一年，比起做一个老妈所说的"懂大道理"的人，他更想做一个一直好玩的人。沐阳也曾不止一次对外公说过"其实长大挺烦的，我不想长大"。孩子的成长是复杂、甜蜜而又糅合着烦恼的，那么生日作为成长过程中的重要节点，沐阳妈妈是如何应对这个成长瞬间的呢？

一起点个蜡烛许愿吧：生日不需要铺张豪华，仪式感让孩子感觉到亲近与信任

就像沐阳妈妈在沐阳十三岁生日时写给他的那一封长长的信里说的：生活，就是从默默开始，然后默默坚持，到最后享受饕餮狂欢！仪式感，在一个幸福的家庭中是不可或缺的，是对生活的重视，是日常中的点点滴滴，是赋予某个时间和时刻特殊意义的东西。生活每天都在继续，在这些周而复始的重复中，家长和孩子们应该停下忙碌的脚步，花点心思制造"仪式感"。

知名行为心理学教授托马斯·吉洛维奇说，幸福感更多地来自"经历"，而不是"礼物"——"共同的经历"会比单纯的"礼物"更有意义，这也会成为孩子长大后的幸福记忆。其实比起礼物，大多数孩子都更在意家长的陪伴，不少家长因为工作忙忘记孩子的生日，或者因为太忙直接用礼物代替，从而缺失了陪伴孩子的时间。

作为孩子最亲近的人，还有什么能比得上父母的态度，可以让孩子深刻感受到，自己的生日是被重视、是有仪式感的呢？每当沐阳生日那天，一家人都会早早归家坐在一起，沐阳也会邀请他的知心好友来做客。"沐阳，恭喜你，又长大一岁！"爸爸妈妈笑着在蛋糕上点上蜡烛，好朋友们唱起生日快乐歌！亲朋好友欢聚一堂，热乎乎的目光、毛茸茸的烛光，一起摇曳在小沐阳的脸庞上。小寿星默默地闭上眼睛，默默地双手合十许愿，默默地在心里说着愿望，

默默地睁开眼睛，然后——吹蜡烛，大吃大喝！这就是生活中最平常，却又最热切的仪式感啊！

从一封家书开始：感受点滴生活印记，让孩子面对自己的成长

想要快快长高的沐阳会和外公一起，在门框上标记下自己成长的痕迹，为了让那些成长的痕迹再多些，为了再长快些，沐阳愿意大口大口吃下并不很爱吃的胡萝卜和南瓜，而这些沐阳在成长过程中的欢乐喧闹，则被沐阳妈妈用柔软的纸和深邃的笔，记录成了一本本温馨的沐阳日记。

记录点滴的生活痕迹，可以让孩子们感受到生活的精致，让孩子确确实实感受到自己的存在与不同。心理学专家认为：在孩子正常的身心成长过程中，小小的记录仪式，其实就是一种强烈的自我暗示，它们能够唤起孩子对美好生活的尊重和向往，感受到有人在意着他们、深深地爱着他们。

家长们也可以像沐阳妈妈那样，适当地帮助孩子记录成长过程。比如，每年孩子生日给他写一封家书，作为独一无二的生日礼物：记录下孩子过往时光中的快乐与幸福和此时此刻父母们的心情与期望。孩子终将会长大，越来越独立有主见，这些饱含着父母满满的爱和关怀的书信，不仅能让孩子深刻感受自己的成长，更会助力孩子在独属于他们自己的人生中起航。这些充盈着点点滴滴仪式感的

家书，看上去或有些絮絮叨叨，或有些文绉绉，但都饱含着满满的爱意。这些一个一个看似小小的人生印记，都会成为孩子成长记忆长河中的美好灿烂。

"谈谈老妈当年的故事"：父母的心里话和建议，不缺席每一个成长阶段

沐阳妈妈会和沐阳在一起躺在床上聊天，听音乐，探讨老妈当年的青春生活，讨论沐阳现在的校园生活——

首先，作为拥有完整身心的个体，好好学习的同时，更要爱护和帮助弱势群体；去说服那些相信或者不相信你的人，去勇敢地选择；去贫困的山区看看那些贫苦的人，不是为了炫耀，而是从他们身上看到自己思想的局限和贫瘠……

其次，尊重和爱护家人，学会感恩。许多爸爸妈妈记住了孩子的生日，然而父母的生日孩子是否记得呢？感恩是一种对生活的态度，是获得幸福的必要基础。感谢父母的养育之恩，感谢老师的教育之恩，感谢朋友的帮助之恩。感恩是一种情怀，是所有美德的基础。对于新一代的孩子们来说，感恩更应是一种智慧、一种态度、一种格调，而不应该只局限于道德教育中的感恩。

最后，珍爱生命，珍惜现在的生活。孩子在成长的过程中开始关注周围，关注新闻和身边事物，这也是长大的标志，孩子开始用自己的思维去评判。

如何让孩子的生日过得有意义？每年生日那天，父母都可以在这个特殊的时间点，真真切切和孩子谈谈人生责任、梦想愿望，让他们逐渐理解、成长，感悟到一些人生道理。孩子会认知到，在他们慢慢成长追梦的过程中，很多责任是开始需要自己独立去承担、面对的。但无论何时，父母永远是他们最坚实的后盾、最温暖的港湾。

非吼叫妈妈俱乐部亲子部　滕晓阳　供稿

如何打开孩子过生日的正确方式？

①生日不需要豪华派对，亲子之间需要仪式感，让孩子感受到亲近感与信任感。

②给孩子写一封信，让孩子更加深刻地感受到成长。

③说一点心里话，给一些建议，不缺席孩子的每一个成长阶段。

共读时光：参看《沭阳上学记·10·再见，儿童时代》之《生日快乐十三郎》。

非吼叫妈妈俱乐部

偶像是虎妈:
【今日微博热搜:你有超过十年的兴趣爱好吗?】

河东狮不吼:
都怪我妈,那时候怎么就不逼我,不然我现在也是舞林高手了。

老言无忌:
别甩锅啊,自己没定力还怪你妈。

母慈子孝二十四节气:
我小时候想学书法,家里没条件,跟现在的娃没得比。
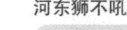

河东狮不吼:
现在的娃身在福中不知福,有兴趣班上整天还嫌弃得很。

偶像是虎妈:
爱好这档事儿关键看个人,硬来也榨不出花,得尊重和鼓励。

河东狮不吼:
要坚持下来就得施行高压政策!

一沙一世界:
我家娃就爱疯玩,就没啥喜欢的,省事儿!

母慈子孝二十四节气:
尊重了也没用,钢琴、画画、轮滑,想学啥就报啥,也就三分钟热度。

十七
家长如何引导孩子的兴趣爱好？

兴趣，是对事物喜好或关切的情绪。既然是一种情绪，就一定具有可变性。心理学界著名的"自我决定理论"认为，人如果持续有动机地做一件事情，必须同时满足"自主感""胜任感"和"需要感"，这三大心理诉求才是纯内在驱动力的来源，而"兴趣"只是一个切入点和催化剂。正所谓，持久的兴趣，才会产生持久的动力。沐阳妈妈顺应孩子成长的自然规律，注重在日常生活中进行随时随地、见缝插针式地引导孩子。留意到沐阳喜欢胡写乱画，沐阳妈妈借机给他布置小任务，不但保护了沐阳涂涂画画的兴趣，也使他的想象力得到充分发挥；面对沐阳的数学梦想，沐阳的父母总是兴致勃勃地参与其中。有了父母的干预，沐阳对于自己感兴趣的事越来越专注持久，在追梦的路上也更加执着从容。

"银河系"随便画：要发散不要束缚，释放孩子的想象力

心理学认为人的大脑可分为四个功能区：感受区、贮存区、判断区和想象区。大部分人只是较多地动用了前面三个区域,想象区的动用率尚不足15%,对大脑潜能的开发离不开对想象力的充分调动。想象力作为大脑的一项基础能力,远比知识更重要,是一个人最可贵的才智。孩子正值想象力旺盛、敢想敢做的年纪,家长要把握这个关键期。比如在孩子感兴趣的事上,运用发散式思维,引导孩子突破原有的知识圈,从一点向四面八方想开去。

看到沐阳喜欢在四块黑板上乱涂乱画,沐阳妈妈不但没有阻止,反而顺势给沐阳布置了一项任务——画四个不同的银河系。这个开放性的题目看似简单却又富于挑战性,将沐阳想象区的大门打开:"银河系",本来就是沐阳感兴趣的话题,所以他乐在其中;"随便画",让沐阳在画的过程中没有包袱,对错好坏不用顾忌,只要画自己想画的即可,既有乱画的自由,又可以胜任;"四个画面不能重复",对沐阳提出要求,在已有知识的基础上要求他主动思考,积极创作,思维得到扩散;"用于上课",则让沐阳感觉自己被需要,自我价值得到实现。整个过程中,孩子的"自主感""胜任感"和"需要感"也得到满足,何乐而不为呢?

"坐标系"不可怕:借助"正向攀比",点燃孩子的内驱力

人在一件事上有内驱力,兴趣才不会丧失。内驱力,是一种发自内心,想要做好、实现自我提高的动力。有内驱

力的孩子就像装了一个发动机，不但跑得快，而且跑得远。激发孩子的内驱力有多种方式，孩子间的"正向攀比"便是其中的一种。

心理学上说，"攀比"是一个人不满足于现状、不甘落后于他人甚至超越他人的一种心理意识。正向的、积极意义的攀比对孩子有向上的拉动作用。遇到"八年级"，妈妈口中的漫画高手，沐阳的"银河系"一下子变得面目全非，气愤又无奈；"八年级"的绘画速度、知识广度和好看的字迹一度让沐阳找不着北，心理备受打击。明知爱好数学的沐阳尚未学过函数，"八年级"还故意出题目给沐阳，告诉他坐标系很难，言辞中透露着几分傲气与不屑。沐阳不服气，他觉得难并不可怕，可怕的是不知道。这种好奇、不畏难的心理驱使他之后痴迷地研究坐标系，不厌其烦地找寻各种小点点，探索未知领域。

试试看，说不定身边的"九年级""灌篮高手""钢琴王子"等小伙伴瞬间就能点燃孩子与之相对应的兴趣点，无论是不甘示弱，还是崇拜佩服，这些心理暗号都有助于唤醒孩子的内驱力。

"一起建数学城"：返璞归真，参与到孩子的梦想中

儿童心理学家认为，梦想是孩子自我形象的理想化，对孩子的成长有着巨大的牵引力，鼓励孩子追梦会使其产生强劲的内驱力。如果一个人要做的事情和他的梦想相关联，

那他一定对当下要做的事很感兴趣。大人常常觉得孩子的梦想异想天开、不着实际，从而对此忽略而过，却不知错失了多少教育良机。

沐阳的梦想是当数学家，买下全世界最奢华的酒店开数学书城，让所有热爱数学的人可以自由出入。眼下他最关心的话题是在坐标系里找到迪拜和上海的位置，算出他需要赚多少钱才能买下迪拜的七星级酒店。循着梦想的牵引，沐阳每天不停地算啊算，乐此不疲。他的父母又是怎么做的呢？一同讨论、表达看法、争执、查阅酒店的资料……沐阳的父母和沐阳一样兴致盎然，他们参与其中，成就了一个孩子的数学狂欢。

也许你会问这样做有意义吗？就算最后算出"日赚1000万，工作68年"的结果又能怎么样，根本实现不了。如果用世间现实的价值观来衡量，确实毫无意义。但沐阳父母看重的正是孩子这种无功利心、孜孜不倦地追求的行为，充满了大美和大概念。成人需要返璞归真，才能看得到。如果硬要挖出实际价值，无疑是沐阳在计算过程中运用了各种公式、原理，知识得到巩固，自主学习的能力提升了，对数学的兴趣更加浓厚，所有这些家长看重的能力恰恰是在追梦过程中自然获得的，而不是刻意为之。

非吼叫妈妈俱乐部亲子部　武秀峰　供稿

共读时光：参看《沐阳上学记·6·倒霉的配角》之《银河系与坐标系》。

非吼叫妈妈俱乐部

老言无忌：
耿耿的过年日常都是烟花爆竹……

一沙一世界：
还是老家好，能放鞭炮，过瘾！

老言无忌：
你没考虑危险系数吗？

河东狮不吼：
这要是亮亮，我一定揍一顿！

母慈子孝二十四节气：
庆幸自己生的是小棉袄。

老言无忌：
这么健忘，速效救心丸都没救！

课代表X酱：
小孩子都调皮捣蛋，不过有危险的情况还是要警告下。

偶像是虎妈：
这些熊孩子气人没商量，有一次蕉蕉把窗帘剪成了八爪鱼……

河东狮不吼：
亮亮一个人在家翻天又覆地，破坏性巨大。

一沙一世界：
可不是嘛！小时候推积木乱涂鸦，长大了喜欢挖掘机，反正不破坏点儿东西他们就不舒服。

偶像是虎妈：
哈哈哈，就没个省心的！

十八
面对孩子天生的"破坏性",
家长要怎么做?

心理学上认为,人与生俱来就有攻击和破坏的本能。家长搞清楚孩子行为背后的动机,才是解决问题的关键。家长要区别对待,对症下药。沐阳为了"兰博基尼"损坏妈妈的书,用力踢桌子,和工作中的妈妈唇枪舌剑,场面一度混乱。好在沐阳妈妈及时调整自我,温柔而坚定地和沐阳沟通,让沐阳获得了珍惜的情感体验,学习承担责任。

"洞"察真实动机:破坏物品是虚,寻求关注是实

很多时候,孩子的破坏性行为是为了达成某种目的而使用的"伎俩",其动机是引起大人的注意。大人会觉得孩子在无理取闹,会用权威手段进行斥责、镇压,孩子可能暂时乖巧了,心里却积压着不满、抵触、抗拒等负面情绪。家长的这种铁腕做法往往错失了与孩子沟通的良机。

沐阳妈妈忙于交稿,忽略了身旁的沐阳,更不用说沐阳朝思暮想的"兰博基尼"了。沐阳自然受不了妈妈的爱搭不理,手上的小动作逐渐多起来,他把手指穿到《洞》这本书里,不停地转啊转,转到飞起来,砸下去……沐阳的目的达成了,妈妈终于注意到他的"攻击行为",开始进行回击……一场没有硝烟的战争就此爆发。但沐阳妈妈发火后很快意识到自己的问题,诚恳地向沐阳道歉。大人对孩子道歉,会让孩子感受到平等、尊重和爱。这也是后续沟通得以顺利进行的前提。

大人看穿孩子的小心思后,不能只停留在破坏行为本身,更要深入了解孩子的真实需要、诉求,解开孩子的心结,消化负能量。沐阳之所以会去"欺负"《洞》,是将妈妈对自己的不搭理归咎于她在写《洞》的导读,其本意不是想把书弄坏。沐阳妈妈了解真相后,就"兰博基尼"与沐阳进行了讨论。

如期兑现承诺:适当满足"破坏欲",让孩子学会珍视

万事万物都有其对立面,又都互相依存,破坏与建设也相伴而生。心理学上解释,产生一种新计划的构造是建设,而不问结果如何,变更原有的构造是破坏。由于建设与破坏都可以满足人"希望能力的意志"欲望,破坏似乎比建设更容易,所以孩子往往表现出较强的"破坏欲"。心理学上认为:破坏恰恰是孩子探索世界、实验求证的一种方式。

小玩具车"兰博基尼"对于沐阳最大的吸引力在于,

它不但带漂移功能，可以翻跟头，而且与真车相撞也可以毫发无损。他急于去实验这个功能，想要亲自见证"兰博基尼"的超能力，孩子相信眼见为实。沐阳妈妈越是说那是假的，是噱头，沐阳就越想"两车相撞"。母子俩经过一番争执后，最终沐阳妈妈变禁止为放手，选择遵守承诺，给沐阳自由处置物品的权利。结果是，"两车相撞"，"兰博基尼"粉身碎骨，而"珍惜珍视"四个字，也深深地刻进沐阳的脑海。在有形物质被破坏的一瞬间，无形的精神概念被建立。

倘若沐阳妈妈因为害怕沐阳用玩具车撞真车，拒绝买给沐阳，那她就是违背承诺，会给沐阳留下不诚信的印象，沐阳也会对妈妈产生不信任感。在安全可控的范围内，家长可以考虑优先满足孩子的"破坏欲"，让孩子亲身体验失去的滋味，建立起珍视的情感。

责任承担不能少：谁破坏谁赔偿，为自己的行为买单

孩子在很小的时候，就已经有物权意识，知道"我的东西是我的，我有使用权，未经允许，别人不许动"，如沐阳认为玩具车的使用权归他，撞或不撞是他的事。同理，也要让孩子知道，他人的东西属于他人，使用权归他人，你也不能随便动或损坏，如果要用，需要去借，并且要归还；如果损坏了，就要赔偿。正所谓，做事先做人，做人先立德。在孩子小的时候，就要让孩子学会承担责任，不逃避，做出破坏行为后必须承担后果。

沐阳把不满和怨气撒在了书和桌子上,他没想到会把书弄坏,也没想到桌上的东西掉下来会砸痛妈妈的脚,他只顾着发泄情绪。但这种破坏性行为带来了糟糕的结果,他要为此买单。他的妈妈答应给他买玩具车,满足了他的需求,但同时也指出他的问题,提出赔偿要求:第一,用胶水认真粘好妈妈的书;第二,耐心听妈妈写的导读并提意见。两点缺一不可。沐阳妈妈坚定的态度让孩子明白,破坏东西要赔偿,影响他人工作也要做出弥补。孩子必须为自己的行为负责,要学会承担和面对错误。

生活中孩子出现的一些"攻击和破坏"行为,看似"鸡毛蒜皮",家长却千万不能掉以轻心。沐阳妈妈正是通过生活中的"细枝末节"——从细微处教育孩子,从稀松平常的事入手,教会孩子做人。要善于巧妙地给孩子讲道理,关键在于爸爸妈妈要先按照道理做事,以身作则。尤其对于原则性的错误,家长一定要明确态度,坚定立场,不迁就,不纵容,该罚则罚,该训则训,严格管教。要知道一个小洞不补会变成大洞,一个小错不纠正会酿成大祸。

非吼叫妈妈俱乐部亲子部　武秀峰　供稿

共读时光：参看《沐阳上学记·7·男生女生对对碰》之《一个洞洞事件》。

非吼叫妈妈俱乐部

偶像是虎妈：
 哎，现在孩子好难教育，打不得骂不得，难呀！

河东狮不吼：
 咋回事，你家孩子不是奥数才拿了满分吗？

偶像是虎妈：
 你是不知道，他把家里搞得遍地都是玩具，都无法下脚。

老言无忌：
 @偶像是虎妈 奥数拿满分？实名羡慕，我家孩子学奥数就是一遍又一遍地证明自己的数学有多差。

偶像是虎妈：
 @老言无忌，你家孩子也别太优秀，谁也不能十八般武艺样样精通吧。

母慈子孝之二十四节气：
 今天我家小崽子玩玩具，我跟他说你要是玩好之后不收起来，我就把你玩具扔了。

河东狮不吼：
 啧啧，这么凶，真看不出来。

一沙一世界：
 后续呢？@母慈子孝之二十四节气

母慈子孝之二十四节气：
 我一气之下都拿去扔了，肉痛啊……自己说出的话，跪着也要走完。

课代表X酱：
 其实可以让孩子自己去体验。

十九
如何巧用"自然后果法"进行家庭教育？

自然后果法是让孩子通过体验式的成长来引导孩子朝着正向的方向发展，简·尼尔森将这个方法在正面管教中运用，为更多家长所熟知。这个教育方法是由18世纪法国教育家卢梭提出来的，实质是让孩子体会到自己犯的错误而带来的痛苦，从而吸取教训，改正错误。在生活中，很多孩子总是不达目的不罢休，无论家长怎么讲道理，都无用。在家庭教育上，很多事件都是可以用自然后果法来理解的，比如孩子起床慢，要买新的玩具，故意磨蹭时间，经常丢三落四，等等。沐阳在生活里也总是给沐阳妈妈出难题，那我们一起来看看沐阳妈妈是怎么做的？

自然后果法≠放养：父母先判断事件本身的适用性

自然后果法的教育不等于不管不顾的放养，家长教育的初衷就是为了孩子能越来越好，所以家长在运用自然后果法时，要考虑一下事件本身的适用性。首先要遵循一个原则，就是事件的安全性以及事件的发展结果是在家长可控的范围内，其次是这个自然后果会不会影响到他人的利益。比如不讲礼貌、拿了别人的东西，这种事情，作为父母要第一时间站出来，而不是让孩子自己去体验后果。最后是事件的自然后果对孩子来说是一件正常的事情，不会受到什么影响，比如孩子在生活中的一些坏习惯，喜欢吃一些不健康的零食、不喜欢刷牙等，这些事情在孩子们看来，并没有什么问题，如果家长也采用自然后果法的话，不会有什么正面的效果。

孩子的性格各异，不管什么样的性格，只要是合适的事件，运用自然后果法都会给孩子带来一定的正面影响。但是正在叛逆期的孩子，家长要注意，他们更多的是需要家长的引导，不要过多干预，这个时期的孩子都会比较有自己的主见，如果一味用自然后果去教育孩子，这是不可取的。父母在做决策之前，要先告知孩子，强调孩子这样做了会承担什么样的结果，让孩子心里有个底；孩子在接受批评的时候，就不会因为处在叛逆期而太过于抗拒，要给予一些关心和支持，保护好孩子的自尊心。

我的玩具我做主：家长学会放手，让孩子去选择

沐阳妈妈跟沐阳约定，寒假要兑现给他买"兰博基尼"仿真玩具跑车的承诺，两人一起在购物平台上看视频，看款式。在一个汽车介绍的视频里，商家为了显示"兰博基尼"

玩具车的质量，把兰博基尼玩具车和真的大吉普相撞，结果遥控兰博基尼被撞得飞起来，却完美落地，没有一点损坏。沐阳觉得这个太酷了，跟吉普撞都没有坏，所以就想要这款"兰博基尼"。

沐阳妈妈说这个消费导向有问题，问沐阳："刚买回来就撞？或者……你该不是为了撞而买吧？有你这样的吗？"沐阳说："为什么不撞？我想要的遥控兰博基尼，就是这样！好过瘾。你好好看看哪！你看你看！啧啧啧！注意它和大车对撞，而且空中翻跟头，看见没有？这是真正厉害的车！我想想就激动！"相信很多父母都会火冒三丈了吧，沐阳妈妈一开始也是敷衍了一下沐阳，让沐阳别闹了自己去玩，但是沐阳却开始闹脾气踢桌子了，把桌上堆着老高的书和笔筒都散落在地上，并且打中了沐阳妈妈的脚。

沐阳妈妈这个时候没有直接跟孩子发脾气，而是跟沐阳说："我可以答应你买这辆玩具车，但是后果自付。第一，买，以后不会再有类似玩具；第二，不买，以后还可以有更好的玩具，你自己选择。"沐阳觉得很委屈，这辆车是当初说好的期末考试考得好就买的，而且这就是我的车，我想做什么就做什么，我想撞就撞，这就是我的事情。

沐阳妈妈觉得自己可能有点太着急了，沐阳这个时候就是在寻求关注，以及觉得撞车就是好玩，沐阳妈妈冷静了一会说："我改主意了——我决定了，听好，第一，沐阳，我答应给你买，因为我要兑现承诺；第二，你是对的，你自己的东西该由你自己决定，撞不撞都是你的事情，自负全责；第三，你把我的书弄坏了，得赔偿。"

"兰博基尼"事件，就此结束。

很多时候，家长用成人的权威手段达到暂时的"镇压"目的。但家长真正要做的，不是拿各种条件和后果"胁迫"孩子，阻止孩子做某些事情。而是"告知"孩子这么做可能有哪些后果，然后由孩子自己做出选择。其实这是因为家长有了生活经验，但是孩子没有那么多丰富的经验，在他们这个年龄最烦的就是"理"，他们有自己的好奇心、自己的想法，欲速则不达，家长要控制自己的情绪，让孩子自己去选择，这也是采用自然后果法教育的前提，家长的态度很重要，一定要放手，让孩子自己去体会，才会发挥足够大的教育效力。

我就要撞"兰博基尼"：家长不干预过程，不评论结果

家长通过让孩子选择，让他自由地犯错，然后亲身体验自己的选择和行为所带来的自然后果。通过破坏让孩子体会失去——当沐阳看到视频里小玩具车和真车相撞，他认为玩具车的安然无恙是件很过瘾的事情，而只有当他亲身通过现场实验，看到小玩具车真的瘪头歪脑、粉身碎骨了，他才会意识到事情存在偏差。

这个时候，沐阳妈妈没有借题发挥，没有跟沐阳说我早就告诉过你了，你非不听，她没有打击孩子的自信心，而是简单地说了一句:"好吧,沐阳君,言简意赅,这件事情告诉你,你的玩具车烂了,但依然值得祝贺——吃一堑长一智嘛!"

如果家长在孩子体验后果的环境中一直带着情绪借题发挥的话,是会将情绪附加到孩子本来可以自然而然地获得道理的体验上,孩子会把注意力转移到应该如何应对父母的情绪上。沐阳妈妈没有做任何干预,也没有跟沐阳唠叨,而是满足了沐阳的破坏心理,给沐阳建立了一个珍惜事物的情感体验,这就达到了自然后果教育法的目的。

非吼叫妈妈俱乐部亲子部　方芊　供稿

🔍 共读时光：参看《沐阳上学记·7·男生女生对对碰》之《一个洞洞事件》。

非吼叫妈妈俱乐部

河东狮不吼：
"妈妈，你看这个粑粑像什么？"你们看，又来了又来了！我忍不了了！

老言无忌：
忍无可忍，无需再忍，爆发吧，小宇宙！

河东狮不吼：
在家说我也忍了，可是在外面也说个不停，完全不把我这当妈的放在眼里呀！

偶像是虎妈：
是不是你们在家里就不控制你们自己呀？

河东狮不吼：
当然不是呀，那怎么可能！我们怎么可能在家就瞎说八道！

一沙一世界：
对对对，淡定，主要是看怎么解决这个问题。

偶像是虎妈：
给你准备个胶带，他一说，你就封上他口吐芬芳的小嘴巴，如何？

河东狮不吼：
算了，这个方法我可不敢恭维，没有文明一点的方法吗？

课代表X酱：
对，暴力是不可取的，不过确实需要各位宝妈们重视起来哦！

二十
家长如何智对孩子的"恶趣味"?

全世界的孩子都很喜欢有关"屎尿屁"的话题,一切物品都会让孩子联系到"粑粑"。虽然大多时候,孩子享受"污言秽语"的状态很可爱,但是由于孩子不分场合、不分场景的谈论恶趣味话题,几乎所有父母都经历过"社会性死亡"的尴尬局面。沐阳也是恶作剧的热衷者,经常会不合时宜地抛出他的"科学发现",沐阳妈妈知道,孩子频频使用这些话语,并不意味着孩子变坏了,而是孩子的好奇心使然,那沐阳妈妈遇到这个难题是怎样做的呢?让我们看看沐阳妈妈的具体方法吧!

从一本《可怕的科学》入手:满足好奇心,正向引导孩子的恶趣味

孩子对于屎尿屁的执念,多源于孩子内心的好奇,他们开始关注自己的身体,这也是孩子自主意识开始萌发的时候。正是在不断认识、探索自己身体的过程中,孩子学会了掌控自己的身体，也在心灵上获得了足够的能量，便会想要知道更多，因此就会喋喋不休地邀请自己的父母一起来探索这个奇妙的世界。同时，孩子们的恶趣味玩笑也是他们打开自己社交圈的绿色通行证，当他们和自己的同伴讲出有关屎尿屁的笑话时，同伴的狂笑和接纳更让孩子们感觉到被鼓励了，情况也就愈演愈烈。

  沐阳和自己的同学也经历过这个让大人"尴尬"的时期，他们在学校发明了一个小游戏："如果从天上掉下来一坨屎，你会怎么样？"这个游戏在全班流行了起来。"熊疯子"老师在发现之后，让玩游戏的同学去太阳底下罚站，但是很明显，这种严厉的方式是无法阻止孩子们的游戏心态的，反而愈加放肆。沐阳妈妈是怎么做的呢？在她发现沐阳恶趣味的苗头后，没有采用强硬的手段去制止孩子，而是采用了一个非常巧妙的方法。在沐阳十岁生日时，沐阳爸爸妈妈送给了沐阳一份特别的礼物——《可怕的科学》，这本书融合了"可怕"和"科学"两个元素，既满足了沐阳的小小好奇心，又使他可以徜徉在恶趣味的海洋中，可谓是一举两得。这本书的效果是显而易见的，在同学们玩着"天上掉屎接力赛"时，沐阳在脑海里思考着"三维空间的人怎样应对来自四维空间的'屎疙瘩'"？是不是很有趣！家长们不妨像沐阳妈妈一样，给孩子一本有趣的科普书，孩子小小的恶趣味问题也就可以迎刃而解了。

对孩子的"污言秽语"淡然处之：在不动声色中岔开话题，拥抱孩子

当孩子提到一些脏话或者是屎尿屁时，很多家长的反应通常会非常强烈，或不理睬，或压制，这就给了孩子一种心理暗示，认为这种对抗性的行为会让父母愤怒，而惹家长生气在孩子看来是一件非常有趣的行为，他们就会沉浸于此，并且无法自拔。其次，当孩子发现，他（她）口中的恶趣味小玩笑会吸引父母的注意，孩子就会将其作为博得父母关注的最佳方式。所以，大人应该对孩子的恶趣味做淡化处理，以平常心来对待这件事。

沐阳可是个小淘气包，会时不时将一些恶心的话搬上饭桌。当他们出去参加外出活动时，在一群老师和作家中间，饭桌上只有沐阳在大讲特讲屁啊尿啊，一些小小孩被他带动起来，怪叫怪笑，整个饭局乱七八糟。这让沐阳妈妈觉得非常尴尬和窘迫，恨不得找个地缝钻进去。

但是沐阳妈妈没有心急，她知道，沐阳说这些无非是在试探大人的反应，考验大人的耐心。这个时候，首先是要稳住，要温和，绝对不能暴怒，更不能上纲上线；其次要在不动声色中岔开话题，找到孩子感兴趣的话题，聊聊在学校发生的趣事，或者是讨论一下最近看到的书籍，最近听过的音乐；最后，一定要认真倾听孩子的表达，找到孩子满嘴脏话的原因，他无非是需要关怀与互动，只要用爱拥抱孩子，他就会自动闭嘴了。

其实，当孩子出现了反抗行为，绝大多数是因为孩子"关注"的需求没有被满足，所以孩子们布置陷阱，激怒父母时，家长一定要保持情绪上的稳定，并且耐心倾听孩子的需求，找到问题的关键点，及时和孩子沟通并着手解决，说脏话的问题也会随之迎刃而解。

"沐阳，你可真有品位"：让自己也成为孩子，用轻松游戏的心态面对

孩子的行为受快乐原则驱使，小孩成长中的核心要义就是游戏，游戏不仅仅带给孩子心灵与身体上的双重愉悦，并且可以促进孩子认知能力的发展。家长应该将游戏精神穿插在教育孩子的过程中，放下自己作为家长的架子，不要以居高临下的态度俯视孩子，而是把自己也当成小孩，和孩子平等对话。当你凡事抱着轻松的心态，孩子的恶趣味在你眼里不过就是一场游戏小闯关罢了。

沐阳的调皮捣蛋其实也让沐阳妈妈头疼不已，在沐阳家里，时常上演着沐阳妈妈和沐阳的恶趣味斗智斗勇的戏码，沐阳一会儿将自己的"屎壳郎先生"献给妈妈的书桌，一会儿又在饭桌上科普自己刚学习到的有关内痔和外痔的区别，沐阳妈妈可不会轻易缴械投降，她选择用轻松幽默的游戏心态来和沐阳"斗"上一番，她顺着沐阳的话，夸赞沐阳对"屎疙瘩"的狂热，夸奖沐阳"开始有品位了"，沐阳不合时宜的演讲也就此结束。其实，当父母用游戏的

心态对待孩子的反抗行为时,当让你自己也变成一个小孩子,那事情也就没有想得那么恶心了,也一定会不由得感叹:"可太好玩了!"

当成人抱着返老还童的态度看待琐碎复杂的生活,抱着赤子之心和孩子同成长,孩子也会敞开胸怀拥抱你,并且认真听取父母给出的建议。和孩子一同玩起来、闹起来吧,做一个"顽童"父母,收获别样的快乐与成就。

非吼叫妈妈俱乐部亲子部　董卫娟　供稿

> 共读时光：参看《沐阳上学记·6·倒霉的配角》之《可怕的科学》。

非吼叫妈妈俱乐部

一沙一世界：
你们聊，我要下线啦，拜拜！

老言无忌：
这才几点你怎么就不聊了啊？这是安排啥活动了？

一沙一世界：
被你猜中了，今天是我们的"家庭电视日"，我们要一起追我们最爱的综艺节目！

偶像是虎妈：
啊？你们竟然让孩子看电视？还全家一起看？看电视在我们家可是完全禁止的！

一沙一世界：
可是万一孩子和朋友们聊起综艺节目中的话题，孩子完全不知道的话……

偶像是虎妈：
他只要好好学习就行了，无关学习的话题，少说也好。

老言无忌：
其实全家一起看看综艺节目，仔细想想也是有好处的。

偶像是虎妈：
我还是持反对态度，电视不行！综艺节目更不行！

母慈子孝二十四节气：
又是我们当妈路上的一个大难题呀！课代表，你怎么看？

课代表X酱：
这确实是个值得讨论的问题！

二十一
家长如何用家庭综艺时光演绎生活的微妙？

我们经常会提问，最理想的亲子状态是怎样的？可能每个人都会给出不同的答案，但是，毋庸置疑的是，爱和陪伴始终占有一席之地，但是单纯和孩子共处一室各玩各的就是陪伴吗？沐阳妈妈的教育以"好玩"二字为前提，她和沐阳一起奔跑，一起游戏，一同成长，在面对爱玩的孩子时，她采用了一种和解的方式，用一种好奇、引领的方式做孩子的玩伴，从玩伴的角度提醒和教育沐阳，其实这才是高质量的陪伴。正如在很多家长对孩子看电视的行为进行无差别打击时，沐阳妈妈却看到了家庭综艺时光中的教育契机，和孩子一起坐在电视机前，在享受欢乐时光的同时，也带给了孩子独特的成长体验。

别把电视当"敌人"：把握教育的分寸感，让孩子自主成长

我们为什么会担心孩子看电视？说白了，家长们最担心的其实就是，孩子缺乏自制力，沉迷电视后在学习方面慢慢落后于人。但是我们也会发现，家长越严防死守，孩子会愈发想要看电视。很多家长误将电视当作敌人，同样被关在牢笼中的还有"游戏"，其实电视只是一种媒介工具，其优劣由使用者掌控，如果你知晓如何利用它，电视便会成为一种无价的教育手段。

在应对电视与游戏这两大儿童教育中的"敌人"时，沐阳妈妈选择了接纳与顺应，并且将看电视这一行为转化为家庭的仪式性的活动，这样孩子所依赖的就是大家一起参与活动的情感本身，这就从源头上遏制了沐阳沉迷于电视以及游戏中。当电视与游戏不再具有和父母对抗的功能时，它们也就丧失了诱惑力，孩子自然不会再沉迷其中。

沐阳妈妈一直秉持着开放的教育心态，认为"少即是多，松就是紧"，家长无需每天喋喋不休地将大道理灌输给孩子，也没有必要把电视和游戏机锁起来，像个侦探一样，每天严防死守。而是应该以松弛的心态教育孩子，让儿童按照大自然的计划，在自主成长中发展能力，形成美好的品性。

其实，家长若对孩子的不当干预以及灌输型教学少一点，孩子获得的自然成长就会多一点，真正的教育无形地穿插在生活的方方面面，在每一个陪伴孩子的瞬间，这也就是沐阳妈妈"少则丰富，让则宽阔"教育观的奥义所在。

从家庭综艺时光开始:与孩子同频共振,拉近心与心的距离

真正的陪伴应该是在有共同经历的基础上在情感上达到共鸣,这也就是沐阳妈妈经常提到的要和孩子同频共振。所谓同频共振效应,是指两个人在思想、意识、言行、精神、观念等方面的共鸣和协同状态。

沐阳妈妈从来不会错过孩子的每一次成长,始终保持和孩子处于同一频道,学最新的网络用语、和儿子打最热的游戏、追热门的综艺。很多家长会认为这是对孩子的纵容,但是沐阳妈妈并不这样认为。她选择和沐阳一起坐在电视机前,用《中国好声音》这档综艺节目作为走进孩子内心的桥梁。当他们全家总动员追《中国好声音》时,她既是沐阳的好伙伴,可以带着沐阳光明正大地看电视;也是沐阳吐槽的对象,唇枪舌剑经常一触即发。在这个过程中,一家人均处于放松的状态,孩子是完全敞开心扉的,他可以随心所欲地表达自己的情绪,分享自己的看法,此时,孩子也会更愿意听取家长的意见。

多数家长站在上帝视角俯视孩子,认为可以预知孩子未来的一切,并想要为孩子包办一切,让孩子不走所谓的"弯路"。其实,有些"弯路"是需要孩子自己走的,教育的价值不是为成年做准备,而是在于发现自己、认识自己,产生内驱力。家长应该做孩子成长过程中的"合伙人",与孩子步调一致,同频共振,共同成长,那样,孩子才能

真正成长为独一无二的自己。

"拜托，请为我转身"：用家庭综艺小游戏，教孩子接纳输赢

沐阳妈妈认为，教孩子正确面对输赢，可以渗透在生活的点滴小事中，刻板的说教是没有用的，孩子只会左耳进右耳出，所以她将综艺节目延伸出去，创造出有趣的亲子游戏，寓教于乐。

模仿《中国好声音》的赛制，沐阳一家人发明了"拍椅子，转椅子"这个游戏，沐阳是参赛选手，沐阳爸爸妈妈则是严格的评委，选手需要一次次唱歌，来获得评委的"青睐"。很多家长在应对这一情况时，首先想到的是在和孩子游戏的过程中"放水"，认为"他还是个孩子嘛"，反而忽略了如果孩子从未感受过输，就无法正确认识赢，更加没有正确认知自己的能力。

沐阳妈妈始终坚持自己的原则，只有听到满意的歌曲，才会为沐阳转身，其实在游戏中，这既是对对方的尊重，也是对自己的尊重。在沐阳失败后，沐阳妈妈会和他一起找到失败的原因，并有针对性地让沐阳提高自己的短板，在一次次的磨炼后，沐阳也越挫越勇，力争用自己的实力获得爸爸妈妈对自己歌唱能力的肯定和欣赏。

当孩子无法接受父母口中一套套的大道理时，家长们可以像沐阳妈妈一样，通过游戏的方式，让孩子能够认识

到,失败是一件再平常不过的事情,输并不意味着一无是处,当孩子情绪冷静下来后,再和孩子一起复盘,找出输的问题,找到赢的方法。

家庭,往往能决定一个人的幸福指数。在一个家庭之中,最重要的是什么?是数不尽的金银财宝,还是家人温馨惬意的陪伴?各位家长不妨摒弃功利性的目的,放慢脚步,用独有的方式与孩子一起演绎出生活的美好。

非吼叫妈妈俱乐部亲子部　董卫娟　供稿

用综艺演绎家庭生活有这 3 点要注意

① 父母不要管太多，少就是多，松就是紧，教育孩子保有平常心很重要。

② "让我成为你的游戏Partner"，和孩子处在同一频道时，沟通更加畅通无阻。

③ 游戏是教孩子接纳输赢的最佳时机，父母要寓教于乐，适时将规则穿插其中。

🔍 共读时光：参看《沐阳上学记·6·倒霉的配角》之《拜托，请为我转身》。

非吼叫妈妈俱乐部

偶像是虎妈：
我家熊孩子气死我了，怎么什么事情都要跟我对着干，天天都被气得炸毛！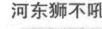

河东狮不吼：
炸毛？是不是从背影看都跟你家狗狗分不清了，哈哈哈哈哈！

偶像是虎妈：
你们怎么能笑得这么欢乐，你们的孩子平时就不跟你们对着干吗？

一沙一世界：
这怎么可能？不怕你们笑话，"生命不息，反抗不止"就是我家孩子的座右铭。

河东狮不吼：
我以为我们是上辈子有多大恩怨的仇家，这辈子来报仇要把我气吐血！

一沙一世界：
青春期孩子很容易把家长当敌人来对抗。

偶像是虎妈：
看到你们孩子也这样我就放心了，原来我不是孤军一人在跟熊孩子奋战哈哈哈！！！

课代表X酱：
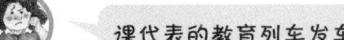
【链接：与孩子沟通注意这四点，教你搞定叛逆的娃】

偶像是虎妈：
课代表的教育列车发车了。

二十二
如何将孩子的对抗行为转化为有效的沟通技巧？

"青春是一个普通的名称，它是幸福美好的，但它也充满着艰苦的磨炼。"青春期是个体由儿童向成年人过渡的时期，这时期的孩子由于身体和心灵的快速发展，自我意识开始觉醒，对自我的关注增多，表现得不像以前一样听话。当家长的观点与自己的观点出现分歧的时候，容易产生较大的情绪波动，甚至出现与家长对抗的状况，拒绝与家长沟通。

在得知沐阳班里男生与女生对战之后，老爸老妈以及在美国的外公外婆的第一反应，让沐阳觉得所有人都不站在他这边，从而关上了与家长的沟通之门。青春期往往是孩子心理问题的高发期，作为家长不能局限于自己的认知，以强硬的态度去要求孩子、责怪孩子。青春期的孩子已经有独立人格了，和他们相处需要像朋友一样平等相待，命令式的教育只会让孩子离得越来越远。

"与沐阳闲聊的欢乐时光"：关注孩子情绪，从聊聊学校的事情开始

沐阳妈妈最开心的事情就是跟沐阳聊学校里发生的事情，听着沐阳天天盘算着和女生作战的进攻路线和撤退路线，充满着少年时代的单纯与可爱。从一点一滴的校园日常生活里可以观察孩子成长中的价值观，是了解孩子合适的切入点。在学校里，每个孩子都是独立的个体，每个孩子都在丰富的校园生活中绽放自己的光彩。孩子每天许多时间都是在学校中度过，校园生活承载着他们的喜怒哀乐。想要关注孩子的情绪波动，不妨与他们聊聊学校的事情。

但是，每当孩子有情绪波动的时候，很多家长都是极其敏感的，家长由于心急从而变得脾气暴戾，孩子反过来会觉得家长"神经质"，因此抵触情绪更加强烈。沐阳家长刚得知沐阳与女生间的大战时，大惊小怪，引得沐阳强烈反叛。家长首先要让自己有个平和的心态，只有在和谐温暖的家庭氛围中，孩子才能看到家庭中爱的流动。只有父母先学会接纳和调整自己的情绪，才能更敏锐地捕捉到孩子内心的需求。

家长可以挑选一个好时机，与孩子进行一场朋友间的"闲聊"。美国心理学家洛钦斯提出了"首因效应"，是指交往双方形成的第一次印象在头脑中占据着主导地位。孩子在学校经过一天的勤奋学习，家长也经过了一天的工作，晚上回到家，是双方结束一天辛勤努力之后的"第一

次见面",这一面连接着孩子与父母之间的沟通交流,虽然第一印象并非总是正确的,但却是最鲜明、最牢固的。所以家长可以给孩子营造一个温暖且美好的进门时光,与孩子从聊聊学校的事情开始,耐心认真地聆听孩子讲讲一天的生活。长此以往在这样轻松融洽的氛围中,孩子会慢慢地习惯跟家长分享、沟通。

乖男孩变成"战争狂人":家长应给予孩子适当的认可

沐阳妈妈在得知昔日那个被女同学逼得逃到厕所哭泣的小男孩变成了一个"战争狂人",心里是十分高兴的。因为妈妈觉得那个小男孩觉醒了,那是来自男孩内心世界的召唤,他学会了应对生活的遭遇,而不是盲目地屈从。所以从另一个角度去看,沐阳变成一个"战争狂人",向同班里女生宣战,并不是一件坏事。世界上的很多事情并不是非黑即白、二元对立的,转变一个角度可能就是不一样的感悟。沐阳妈妈并没有像很多家长一样,只看到了孩子调皮的一面,不但没有第一时间反应强烈地去指责,而是对沐阳进行了夸奖。这样一来,便拉近了与孩子之间的心理距离。这种鼓励和认可也增强了孩子内心的意志,让他们充分发挥内在的潜能。

随着孩子们的不断长大,他们渴望独立,希望被尊重、被理解、被支持、被肯定。孩子需要的可能并不是一个来评判自己是非对错的人,而是一个可以相互打气的朋友,一同奋战的战友。很多时候孩子想得到的，并不是家长们的评价，并不是长辈们的教导，仅仅是需要支持的时候家长坚定地站在自己的身后。

家长的支持和认可，也在无形之中增强了孩子面对事情的自信心。在这一过程中，家长可以说出自己的感受，即使孩子有需要改正的地方，也不要一味地指责，要适当肯定好的方面。沐阳妈妈对沐阳的肯定，一定程度上减少了由于家长的指责可能出现的反叛。青春期是孩子强烈地渴望被理解的时期，要让孩子觉得家长与自己是同一战壕的战友。

协力修改"作战图"：建立统一战线，更好地让孩子接纳建议

在看到沐阳画的"BY-O绝密作战图"之后，沐阳妈妈没有像很多家长一样去指责孩子不把心思放在学习上，而是先肯定了小朋友的创意。站在一个孩子的角度考虑，多听一听孩子的心声，多问一问孩子的需求，不要把复杂的成年人的世界观强加给孩子，不要把成年人的焦虑埋在孩子本应通透的心灵里。允许孩子充分表达自己的想法，允许孩子发泄各种情绪，这种允许也是与孩子建立安全感的过程。

在与孩子的交流沟通中，既要认可孩子积极正确的想法，与孩子保持一心，也要把自己的想法说给孩子听。

不是以一个家长的身份去命令，而是以一个平等的身份与孩子探讨，到底是谁说得对，谁说得更有道理一点，是不是可以把双方的优点都借鉴一下。妈妈对于沐阳的夸奖，沐阳认为妈妈是"自己人"，和他是一条心的。在得到了沐阳的充分信任之后，沐阳妈妈帮着沐阳修改作战图：要玩笑有度，不要用粗暴动作，等等。家长的提醒都得到了一一接纳，而不再是孩子眼里令人讨厌的絮絮叨叨。这样一来，就是在肯定孩子的同时，用理性的探讨解决问题。

"我不要你觉得，我要我觉得……"这句网络上流行的梗，用在当下很多家长身上太贴切了。在与孩子的沟通中，家长总是急于告诉孩子一些道理，这样可能会掩盖住孩子真正的心声。可能孩子刚想敞开心扉地沟通交流，说一句就被家长打断、反驳，把沟通交流变成了相互抬杠、相互拆台，这样孩子便产生了抵触情绪。所以家长不要急着去将孩子往自己所希望的方向上引导，应该像沐阳妈妈一样先去倾听一下孩子的诉求。

相信家长们都能像沐阳妈妈一样，将孩子的对抗转化为引领他们前进的动力，当孩子最忠实的后卫军，陪伴孩子奋勇前进。

非吼叫妈妈俱乐部亲子部　李竺　供稿

共读时光：参看《沐阳上学记·7·男生女生对对碰》之《BY-O绝密作战图》。

非吼叫妈妈俱乐部

偶像是虎妈：
我们家的小恶魔现在是越来越以自我为中心了，多希望小孩都是善解人意的小天使呀！

河东狮不吼：
上周末，我加了一天班，我家熊孩子不管我有多累非让我带着他出去玩，不去就哭，现在的孩子一点都不知道体谅家长！

课代表X酱：
可能这就是缺乏同理心的表现吧。

母慈子孝之二十四节气：
现在的孩子还小，等长大了就好了。

一沙一世界：
还是应该从小培养孩子的同理心的。

河东狮不吼：
对，这种就应该从娃娃抓起，长大了就来不及啦！

一沙一世界：
关键是怎么培养啊？

老言无忌：
哎，头秃……

偶像是虎妈：
现在的家长太难了……

二十三
如何让孩子在人际交往中拥有同理心？

如何让孩子在人际交往中拥有同理心？亚当·斯密在《道德情操论》中认为同理心是仁爱道德的重要基础。同理心在一个孩子的人生道路上有着非比寻常的地位，同理心就是理解他人感受和识别他人情绪的能力。那么怎样才能让孩子在人际交往中拥有同理心呢？需要明确的一点就是，在这一过程中家长有意识地引导至关重要。沐阳妈妈在沐阳人际交往的过程中，一直引导着沐阳多维度去看待问题——那些追得男生四处逃窜的女生们也是有可爱的一面的，身为"敌人"的女生们却也帮助过沐阳，二年级竞选中队长时欧阳思佳那些女生也投了沐阳的票……换位思考，理解他人，才能得到对方的善意。

做"非吼叫妈妈"：身教大于言传，家长要做一个合格的被模仿者

孩子在人际交往中同理心的培养首先来自身边人同理

心的示范。模仿是人的本能,尤其是儿童,儿童是天生的模仿者。儿童的这种模仿的本能会随着年龄的增长而逐渐减弱,少儿时期孩童由于其大部分空白的认知系统而具有高度的模仿力。所以家长在日常生活中所表现出来的行为品质尤为重要,家长要成为孩子最好的榜样。

孔子曾说过:"其身正,不令而行;其身不正,虽令不从。"(《论语·子路》)孔子认为,作为一个当权者,应该以身作则,不用下令被管理者也会跟着行动起来,当权者依靠的不仅仅是发布施令。作为家长——一个家庭里的"当权者",应当依靠个人的言行和魅力来影响、感召孩子,要做孩子的行动榜样。家长做得好,不用命令孩子,孩子也会跟着学;如果自己做不好,纵然三令五申,多半也只是无用功。父母对孩子的教育,不单是有意的教导,也可以是潜移默化的影响。面对"00"后一族的小沐阳,沐阳妈妈时时刻刻在提升自己的言行举止和处世之道,在每日的无形接触中为沐阳奠定品质基础。在得知沐阳与班级女生宣战时,作为大人可能会觉得这是小孩子之间无关痛痒的玩闹,但是沐阳妈妈理解小孩子之间对于这种"冲突"的重视,理解孩子们的较真劲儿。所以沐阳妈妈没有冲动急躁地批评,而是找准时机同沐阳像朋友一般推心置腹地交谈并提出自己的建议,真正做到了"非吼叫"。或许沐阳会受到妈妈此举动的影响,在未来也可以遇事不急躁,冷静客观地分析解决问题。只有自身的情感不被忽视时,孩子才能对他人的情绪情感有感知能力,慢慢培养起对他人的同理心。

沐阳后悔与女生决战了：给孩子示弱的机会，家长可以静待花开

一连几天晚上睡觉之前，沐阳的脑海中都隐隐浮现出女生们曾经帮助自己的景象，那是女孩子们带给他的感动，也是女孩子们的可爱与善良。孩子同理心的培养关键在于克服以自我为中心的思维方式，当孩子过度以自我为中心时，家长则要注重平时与孩子的沟通方式。现在许多家长在孩子犯错误的时候，常常直接严厉地批评教育孩子，想要树立自己在孩子心中的权威形象，殊不知这样可能会背离家长的初衷。长期这样靠威严形象震慑孩子，会让孩子的心理产生不同程度的扭曲，反而会更极端更自我。

当"男生女生大战"还在继续对抗之时，通过反思吴肖篮的"叛变"，沐阳突然意识到自己不该与女生决战。沐阳妈妈发现了沐阳心理上的一点点变化，但是并没有马上上前去絮絮叨叨，而是保持了沉默，静静等待沐阳主动敞开心扉。沐阳主动与母亲沟通之时，沐阳妈妈感受到了小朋友的善良与可爱，即使她心里认为不应该与女生决战，也没有严厉地去批评惩罚孩子，而是用心安抚沐阳，以平等沟通的立场与沐阳交流心中所想。

家长在教育孩子的过程中，或许可以像沐阳妈妈一样，学会倾听孩子的心声，引导孩子充分表达自己的内心。

只有家长耐心地倾听孩子的诉求、孩子的心声，孩子才能感受到家长的尊重与理解，反过来才能以同样的方式对待他人。

从"男女大战"到《道歉》：记录下有意义的场景，从写作中感悟共情

生活往往是最好的老师。日常生活中，在家长的引导下，孩子可能会慢慢地感悟到共情，或许是父亲的一个小细节、或许是上学路上的所见所闻、或许是与父母观看过的一部电影……可以让孩子将自己的感悟通过喜欢的方式记录下来，这样可以在内心强化孩子在生活中感悟到的共情，孩子在人际交往中便会逐渐拥有同理心，也会以此来纪念自己人生旅途的风景。纪念的方式有许多许多种，写文章是一种不错的选择，文字是有力量的，文字是有温度的。

沐阳妈妈在《儿童时代》上的《校园》专栏一直连载沐阳成长的故事长达六年多。对于读者来说，这是一部优秀的儿童文学作品，是一个数学迷少年时代的生动写照；对于沐阳来说，这是将生命中珍贵且易逝的时间转化成为生动的文字，永存于历史的长河之中；对于沐阳妈妈来说，这更是作为一位母亲陪伴儿子成长、体味儿童澄澈善良的幸福源泉，无关荣誉和金钱。写作的意义并非是在键盘上敲打出的一行行文字，而是写作本身。沐阳妈妈建议沐阳将班级里"男女生之战"整个过程写成文章，记录下生活

中有意义的场景和瞬间,并提议他给《新民晚报》的"学生作文园地"投稿,这样一来便是给这具有纪念意义的写作赋予了仪式感。仪式感为我们平淡的生活增光添彩,同样也是培养孩子过程中的一个有效的工具。

非吼叫妈妈俱乐部亲子部　李竺　供稿

培养孩子同理心分"3步走"

① 家长要成为孩子的榜样,让孩子拥有同理心。

② 注重亲子之间的沟通方式,必要时候保持缄默,引导孩子主动倾诉。

③ 培养孩子细腻的观察能力,记录下生活中的小美好,将有意义的纪念方式赋予仪式感。

🔍 共读时光:参看《沭阳上学记·7·男生女生对对碰》之《男生女生对对碰》。

非吼叫妈妈俱乐部

偶像是虎妈:
因为临时取消了游乐园的出行计划,孩子在家哇哇大哭两小时了!

课代表x酱:
每次孩子一跟我赌气,我恨不得把她塞回肚子里重塑一遍。

偶像是虎妈:
孩子撒起气来可不比大人好伺候!

河东不狮吼:
是啊,不满足他的要求就撒泼耍赖,头疼。

偶像是虎妈:
上次去旅游临时行程有变,推迟出行,他就说我和他爸是骗子。

老言无忌:
你听听,现在的孩子都在说些什么话,真是不明白父母的一片苦心。

一沙一世界:
不过,有些情况确实是大人没遵守约定……

河东不狮吼:
倒也是,而且每当遇到这种情况,别说引导孩子了,都是自己先着急上火!

一沙一世界:
我们可以先看看别人是怎样解决的,边做边学。

二十四
遇到特殊情况改变计划时，如何化解孩子的消极情绪？

  当发现孩子的消极情绪时，有耐心的父母会及时关注并与其沟通进行疏导；有的父母则会强硬地"扼制"孩子的消极情绪，此时有的孩子会畏于父母的震慑强忍住消极的情绪，但这并不利于孩子将来的情绪管理；有的孩子则会使用一哭二闹的绝招，这时候一部分家长会投降，对孩子有求必应，与此同时家长心里又矛盾重重，究竟该如何化解孩子的消极情绪？

  在《沐阳上学记》中，当沐阳在禽流感肆虐的危险期，哭着喊着要出去旅行的时候，他的老爸老妈并没有当头棒喝，而是先征求沐阳的真实想法，在尊重孩子的前提下，寻找解决的路径，虽然做出了有风险的按原计划外出旅行的决定，但最后大家都收获满满，沐阳也在这次旅行中获得了成长。

一定会想办法买到车票：关注孩子的情绪，并及时给予积极的反馈

每个人从出生的第一声啼哭开始，就有了对外界环境的情绪反应。当孩子有情绪的时候，是父母培养孩子情绪情感和情商的最好时机。整个家庭都可以利用这个时机识别情绪、表达情绪，尝试用更好的方法解决亲子沟通中的情绪问题。

在沐阳家，沐阳的父母很重视对孩子情绪的引导，一旦发现孩子的情绪问题会及时与其沟通，并给予积极的反馈。在得知本来安排好的出行计划因为禽流感要被取消时，沐阳泪如雨下，撕心裂肺地哭喊，沐阳妈妈虽然也有情绪，但还是克制住内心的冲动，温和地跟他沟通，安抚他的情绪。了解了孩子想继续出行的愿望后，沐阳妈妈立即选择到另一个房间和沐阳爸爸一起想办法解决眼前的购票问题，没有高铁票就换乘普通火车票，争取一切条件完成原先的出行计划。

当孩子情绪波动较大时，如果父母没有给予足够的关注和爱，而是忽视孩子的情绪，最后孩子会更加叛逆，甚至变得歇斯底里。因为内心从没得到过理解，情绪又不知如何表达。这样的亲子关系只会越来越糟糕。特别是孩子面对一些大的变故，内心遭受创伤时，如果情绪被忽略，这会影响孩子的心理健康。对一个孩子来说，父母是自己的第一倾诉对象。父母的关注和爱，能让孩

子的内心强大起来。如果孩子在哭泣，不要一味地说"不要哭了，不要哭了"或者"再哭我就把你丢出去！"之类的话，而是要站在孩子的身边，读懂孩子的内心。

养孩子不同于普通的工作，因为父母面对的是一个成长着、变化着、有自己独立灵魂的生命。而且，不同的时代，孩子们的感受都不同，而父母却往往还不够敏感。还用自己那些自我以为很对的观念来理解孩子。孩子长期被忽视的情绪，是成长路上的地雷。父母自己首先不能埋雷，其次要做好排雷工作。

做非吼叫父母：避免采用发泄、被动应付等消极策略

在生活中，父母总是会面临各种各样让人抓狂的事情。比如当孩子不好好写作业，父母耐着性子引导、帮助做功课但还是没效果，这个时候，家长发现自己在浪费时间，甚至耽误了睡觉和工作，可能会忍不住发火，就会对孩子又喊又叫，这会让孩子伤心、痛苦、难受。任由这种消极的心理防御机制占据我们的心，会对我们的行动和生活造成负面的伤害，一步一步地让我们的生活失去了主动精神和积极精神。

那么遇到这样的问题，我们该怎么办，有什么行之有效的方法？

我们可采用积极心理学来摆脱消极情绪的困扰：心跳是衡量情绪的尺子，如果当心跳快到每分钟要超过100

次的时候，身体会出现一些应激反应，肾上腺素升高，会让我们大脑充血、让我们失去理智、让我们攻击性增强，会让我们说出或者做出伤害别人的事情，这个时候我们可以通过深呼吸来让自己冷静下来。沐阳妈妈发起成立"非吼叫妈妈俱乐部"，她一直提倡"要耐心，不要唠叨；要慧心，不要粗暴；要爱心，不要吼叫"。这几句凝练了她的教育智慧，面对沐阳调皮撒泼或者气急败坏的时候，她更多的是变被动为主动，避免亲子之间的大动干戈。

挖毛笋、看水牛洗澡：利用与同伴交往、游戏等方式化解消极情绪

本被消极情绪笼罩的沐阳，终于因为火车票的落实，又安安稳稳开开心心地踏上了旅程。在衢州游玩的三天，他和五姨妈、表妹、表弟一起在乡下看水牛洗澡、登山、挖毛笋，玩得不亦乐乎，甚至沐阳还故意避开和爸爸妈妈一起吃饭，他说出来的原因是和爸妈一起吃饭显得像没离开过家一样，太无聊，于是和自己的同伴们乐乐呵呵地一起玩、一起吃、一起住。在这三天的嬉戏里，沐阳每天都很开心。同伴关系是孩子成长道路上重要的人际关系之一，同伴间的聊天、游戏、嬉闹等互动，往往比父母的疏导更有利于化解孩子的消极情绪。尤其是在陌生且优美的大自然中，一切不美好的情绪都可以被甩掉。

在沐阳家，每年春天都会安排"去走走"活动，沐

阳妈妈说这是她亲子日历上重要的、必须的活动，因为她把"去走走"当成一种生活的调味剂。用沐阳妈妈的原话"我看重其中的环境变化以及语言和思想的放空与清洗"。她认为休假旅游不仅仅是一个家庭的旅行计划，也是春天赐予的天然情感黏合剂，在大自然里，一切烦恼都显得微不足道。

父母要允许孩子表达情绪，不要过度压抑。情绪不是洪水猛兽，孩子有自己的情绪表达方式。父母要鼓励孩子表达情绪，同时要学会控制情绪；要学习理解自己和他人的情绪，经常反思，做坏情绪终结者。当孩子的想法跟自己的不一致时，建议父母的心智要"更新迭代"，改变自己，不强行要求孩子改变，而是更多地接纳，耐心地沟通与疏导。

非吼叫妈妈俱乐部亲子部　何娟　供稿

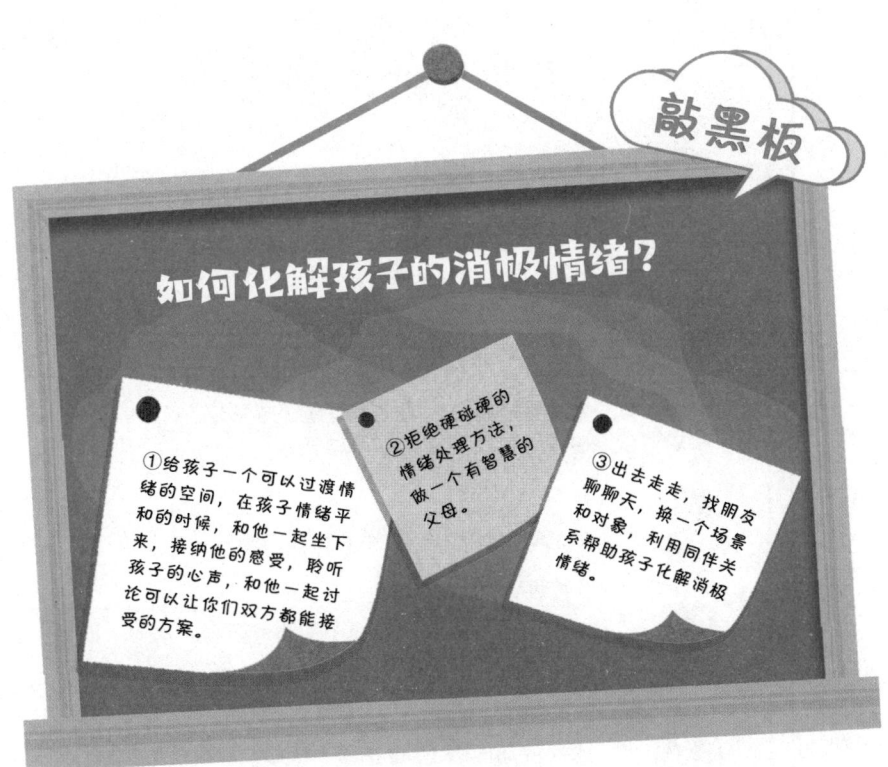

共读时光：参看《沐阳上学记·6·倒霉的配角》之《矮人们的春天》。

非吼叫妈妈俱乐部

母慈子孝之二十四节气：
"妈妈，你可真古板！你别和我说话了！"瞧瞧，这才三年级呀，就开始嫌弃我了，呜呜呜……

一沙一世界：
可是你已经是我们里面最年轻的了呀！

老言无忌：
看来年龄年轻不够，还是得心态年轻，现在的小孩，懂得太多了，确实不好糊弄。

母慈子孝之二十四节气：
你们别嘲笑我了，快给我出出主意吧！

河东狮不吼：
不然，你去恶补一下孩子们看的东西，比如《熊出没》《小猪佩奇》这样的动画片。

一沙一世界：
你这就是落伍了，现在的小孩都看二次元的番剧！

老言无忌：
我们真是为了孩子操碎了心，这个年纪了还得与时俱进。

母慈子孝之二十四节气：
不然能怎么办呢，落后就会被嘲笑！当个新潮的妈妈怎么也比孩子口中的"老古板"要好吧！

课代表X酱：
各位妈妈们别心急，其实用心听孩子在说什么才最重要，想要跟上孩子的思维还得一步步来。

二十五
如何做学习型父母,读懂孩子的思维?

作为家长都会有这样的感受:孩子在小时候总爱围在自己身边叽叽喳喳的,于是家长总在盼望着孩子长大,可是孩子长大了,却开始嫌家长啰唆,嫌弃家长和自己没有共同语言。随着孩子的成长,他的自我意识会越来越强,开始拥有自己的主见,就不会甘心受父母的控制。其实,不是孩子变了,而是家长没有跟上孩子成长的步伐。沐阳是个很有主见的孩子,他会写长信来向妈妈表达自己的不满,也会吐槽妈妈写的东西幼稚,很多家长遇到这种情况可能无法控制情绪,已经暴跳如雷了。沐阳妈妈是如何一步步解决沐阳提出来的问题,用实际行动赢得了沐阳的赞赏呢?

"沐阳,今后你来安排我们":让孩子拥有自主选择权,学做退守型家长

沐阳妈妈也曾在一些事情上包办代替,比如沐阳妈妈

事先没有征求沐阳的意见，就报名参加了公益的家庭读书会，这让沐阳产生了极强的抗拒情绪。进入青春期的沐阳，已经有了自己的想法，不再像以前一样听从父母的安排。沐阳一封洋洋洒洒的公开信让沐阳妈妈觉得醍醐灌顶，她诚恳地反思了自己的行为并真诚地向沐阳道歉，并且告诉沐阳，这样的活动，今后必须应该成为以他为中心的主导活动，作为家长不仅要放手，更要懂得退守。做家长的永远不要包办代替，倘若要以自己的人生阅历和经验来代替和帮助孩子做决定，多半会让孩子形成要么依赖、要么逃离的两种极端态度。所以，家长学会做一个退守者，尊重孩子的想法，让孩子自己做选择，只有在互相尊重的基础上，孩子才会和家长达到同频共振，思维才能具有共通性，听懂孩子的语言自然也不在话下。

"如果能为孩子一键定制完美人生，你要定制吗？"听到这个问题，可能很多家长会毫不犹豫地选择回答YES，是啊，这样可以为孩子省去曲折漫长的奋斗路，瞬间就达到人生的巅峰，但是家长的选择是孩子内心所渴望的吗？孩子天生就是冒险家、探索者，他们无视成人世界的规则，会按照自己的想法行事。开明的父母，懂得做孩子成长过程中的摆渡人，他们接纳孩子最本真的模样，当一个退守者，为孩子创造各种可能，让孩子自己去感受这个世界。

细读沐阳的公开信：真诚对待孩子的自我表达，理解孩子内心的小情绪

沐阳从不抗拒和自己的父母交流，他会用各种方式来向家长表达自己的想法，这是很多家长所渴求的，当孩子向家长敞开心扉，读懂孩子的思维和想法就是自然而然的事情了，那究竟沐阳妈妈是怎样让沐阳可以在父母面前畅所欲言的呢？

沐阳妈妈从来不会剥夺孩子表达的权利，即使是沐阳写一封公开信来批判和反驳自己，她也会将沐阳写的公开信细细品读，认真分析孩子说的每一句话，并作为和沐阳爸爸茶余饭后的一项休闲活动。她从正向的角度看待沐阳的反抗态度，认为这是难能可贵的逆向性思维的表现。同时，沐阳妈妈知道，这封公开信是在沐阳极其愤怒的状态下完成的，抚慰孩子的情绪也是必不可少的，在认真看完沐阳的公开信之后她便顺势向孩子示弱，她以开玩笑的方式，和沐阳说："我们在前台显得很可笑啊，两个老头老太啊，是不是？"沐阳听到这话，也忍不住笑了起来，自然也不会责怪妈妈擅自给自己安排《三只小猪》的朗读会了。孩子的想法其实很简单，但是也需要父母认真倾听。学会真诚地对待孩子的自我表达，孩子才会向家长打开倾吐的心门。

家长总在抱怨：孩子长大了，开始嫌自己古板，不愿意和自己交流了，也变得不听话了。这是不少父母共同的困惑：为什么我的孩子总是不愿意跟我聊天？除了自我意识觉醒之外，孩子沉默和不想说话，其实更多是因为：曾经说了，但是被反驳、被惩罚，或者被忽视。这些反驳、惩罚和忽视，实际上就是一种情感拒绝，孩子的内心是很敏感的，当他们感受到这种情感拒绝以后，他们就会闭上自己的心门，父母再多的补救也会无济于事。

来自虚拟空间站的小猪：拓展传统思维，接受教育新理念

"地点已经死亡，而空间正在生长。"家长不仅该认真听孩子们的声音，多从他们的眼光和立场来审视这个世界，也要更新自己的思维和视野，打破固有的羁绊，真心实意地学习新的空间语言，和孩子一起好奇和关注这个世界的每一次迅猛生长。

社会日新月异，现在的一些传统童话对于像沐阳一样在互联网时代成长的小孩有点太小儿科了。沐阳在他的公开信里就明确向自己的教授妈妈表明了态度，他认为自己的老妈把《三只小猪》推荐给自己，就是在考验他的智商，这简直让他"暴跳如雷"！除了向妈妈发泄不满之外，沐阳还给作家妈妈提出了传统童话《三只小猪》的更改建议，其中更是充满了初生牛犊般的蛮劲儿。

沐阳的想象力真的是漫无边际，所以作为父母应该与时俱进，不断学习新的知识，而不是抱残守缺，用旧的价值观束缚住孩子的成长步伐。有时候，向自己的孩子请教也未尝不可，没准还会和孩子碰撞出新的火花。

非吼叫妈妈俱乐部亲子部　董卫娟　供稿

共读时光：参看《沐阳上学记·5·小猪小猪噼里啪》之《小猪小猪噼里啪》。

非吼叫妈妈俱乐部

偶像是虎妈:
气死我啦!啊啊啊!今天又被我家娃嘲笑了!感觉心梗了……

一沙一世界:
淡定淡定,不佛系怎么做家长?

偶像是虎妈:
哈!居然说我讲的故事太老土了,我和她有代沟!

河东狮不吼:
同款小孩!我家的也这么说过。

老言无忌:
哈哈哈哈,不过我们小时候看的书好像是跟不上时代的发展了。我给孩子讲梁祝的唯美爱情,他说祝英台本身是和马文才一对的,梁山伯是横刀夺爱!

老言无忌:
哈哈哈……

一沙一世界:
如何做一个非吼叫妈妈从正确讲故事开始!

偶像是虎妈:
我还是回家认真再挑挑书吧!

河东狮不吼:
虎妈,你不是一个人!

二十六
父母如何应对儿童的反幼稚化倾向？

很多家长在孩子小时候，都喜欢给孩子讲童话故事。但最近越来越多的家长发现，孩子已经不相信童话了，反而会冷静地反驳。"妈妈，丑小鸭能成为白天鹅，不是因为它努力，是因为它本身就是一只天鹅啊！"面对孩子们这些理智的回答，很多家长内心开始矛盾，究竟小孩子是要相信童话，还是认清现实？沐阳也是个不喜欢传统童话的男孩，他喜欢数学，喜欢科幻，喜欢未知的一切。沐阳是个很有想法的孩子，他把自己的反抗的想法和理由认真写了封信给沐阳妈妈，沐阳妈妈看了信后特别有感触，也认真反思了自己，下面让我们一起看看沐阳妈妈是怎么处理这些问题的。

沐阳的"鱼传尺素"：巧用书信做与父母沟通的"桥梁"

很多时候，孩子是没有问题的，家长也没有问题，有问题的是彼此间的沟通方式。而沐阳作为一个小学生，却通过巧妙地写信沟通的方式，迂回地让妈妈认识到自己的错误并进行反思。沐阳在愤怒委屈的情绪下给妈妈写了封公开信，摆事实讲道理，洋洋洒洒的几页纸写出了自己的所思所想和建议，沐阳妈妈收到后是感慨而又惊喜的，连着几天细读沐阳的公开信，通过信件更加体会到沐阳的心情，所以也认真反思，向沐阳真诚道歉。

如果沐阳不是写信，直接去反抗、哭泣会怎么样呢？妈妈可能只会皱着眉头说："好了好了，又哭！有什么说出来，摆事实讲道理，我最讨厌男孩子哭哭啼啼的！"你看，不合适的沟通方式有时候并不能解决问题，反而使家长烦躁、孩子委屈，家庭气氛更加压抑。

家长是孩子的第一任老师，对于孩子今后的认知、情感表达、生活行为、社会性等方面都有着深刻的影响。良好的沟通能够增进家长与孩子的感情，能够第一时间让家长知道孩子的心理变化，从而给孩子正确的引导，为孩子的成长保驾护航。有时候某些不便表露的情感，通过写信反而能够细腻地表达出来，这种"手与手"的交流，更容易触动他的思想，给孩子足够的思考空间。鼓励孩子写信吧！去了解他的想法，用一种更温和的方式感受孩子内心的一切。或许还会有意想不到的惊喜哦！沐阳妈妈看到公开信后，兴奋极了，沐阳平时一写作文就头疼欲裂，磨磨蹭蹭，数着格子拼凑字数，但是这封信写得洋洋洒洒，表达明确，可见写信沟通的方式还有助于孩子的表达能力，对今后的写作能力的提升也有很大的帮助。

让沐阳安排家庭活动：给孩子决策的"翅膀"，做"放手"的大人

心理健康顾问劳拉·德绍尔曾说过："不让你的孩子做决定，会把他们变成有依赖性的成年人。"在现实生活中，很多家长都是对孩子的生活进行包办代替，小到今天穿什么衣服做什么活动，大到读什么大学学什么专业。但是倘若要以自己的人生阅历和经验来替他们做决定，多半会让孩子形成要么依赖要么逃离的两种极端态度。

孩子天生就应该有翅膀，应该从小学会自己做决定，学会了正确做决定和分辨善恶才能够正确地选择自己的人生道路，才会成为一个有决断力、有责任感的人，听从自己内心的声音，才能成为一个自己想要成为的人。

沐阳面对妈妈的包办的时候，在信件中井井有条地罗列了自己不情愿的理由和想法，也让沐阳妈妈明白了自己的失策和错误，作为家长不仅要放手，更要懂得退守。今后在家庭活动中，也应该让沐阳来安排家长做事情，孩子不应该是被动等安排的那一个，他应该是主动计划和安排别人的那一个。父母单方面安排的生活，永远不是孩子想要的人生，也无法让孩子体验人生的价值，作为大人要懂得适度放手，只有给孩子足够多的自由和选择权，孩子才能够展开自由的翅膀飞得更远。

新时代的《三只小猪》：发展的不只是童话，还有与时俱进的价值观

有人说互联网已经打破了学习的边界和生活的边界，孩子们对这个世界的认知越来越多且广，孩子们不再相信童话，甚至会觉得"愚蠢"。出生在互联网时代的他们，早已经不适应人与人之间、动物与动物之间食物链似的明快叙述了。最古老的正义战胜邪恶的演绎方式，应该用更现代的方式去给孩子们展现。

就像沐阳不喜欢传统故事《三只小猪》，乖乖小猪的形象是农耕文化的特色，对现在的孩子没有任何吸引力。沐阳妈妈也意识到自己遇到了障碍和挑战，沐阳已经不再听从自己的安排去读一些传统的故事。其实孩子们并不是反叛，而是家长与孩子所生活的时代背景不同，存在着真真切切的代沟。所以作为家长，或许可以去寻找一些更符合现代儿童思维的故事，来给孩子们更多的创造力和想象力。《三只小猪》也有更后现代的演绎方式，比如乔恩·谢思卡的后现代绘本《三只小猪的真实故事》，绘本讲述的视角从第三人称的小猪到第一人称讲述的野狼阿力的转变，用一种逆向的思维去重新审视一个传统的故事。角度的转换，为故事提供了迥异的因果关系和是非判断，也可以给孩子们更多辩证的思考，不能用简单的好与坏给别人贴上标签。

童话存在于无数人的童年，是一种特别的讲述，能带我们体会不一样的情感，古老的童话温情孕育着人类数千

年的常识、悲欢和价值观,这一切并不是在电子时代就会分崩离析的。所以,家长在选择孩子的读物时也应该选择新的童话的演绎故事,用孩子们的眼光去看世界,选择并不是摒弃,而是用他们喜欢的方式去做好传统故事与现代价值观的平衡。

非吼叫妈妈俱乐部亲子部　王若怡　供稿

🔍 共读时光:参看《沐阳上学记·5·小猪小猪噼里啪》之《小猪小猪噼里啪》。

非吼叫妈妈俱乐部

偶像是虎妈：
今天发现我家孩子吹起"彩虹屁"起来好厉害。

河东狮不吼：
哈哈哈，你家孩子真的是很捧场。

偶像是虎妈：
是的是的，可能跟他爸的口头禅有关系，天天都是"宝贝，你真棒"！

一沙一世界：
哈哈哈哈，夸赞文化好啊！

老言无忌：
是的哦，在夸赞下长大的孩子有自信，但是夸赞也是有技巧的。

河东狮不吼：
我家这个崽子，我一天不吼他就不行，夸赞这一套根本行不通。

一沙一世界：
哈哈哈，这个跟环境还真的是有关系，我家似乎很少去夸赞孩子。

偶像是虎妈：
那我们这些老妈组个"夸夸群"吧，把好的方法都往里丢。

课代表X酱：
夸赞式育儿很流行的，用得好的话，优势可大了。

二十七
除了"你最棒",
什么样的夸赞招数对孩子最有效?

夸赞式育儿是很多家庭的教育策略,如果家长使用得当,它会弥补孩子身上的不足,催发孩子的潜力,让孩子朝着预期的方向去成长。在生活中,家长都不吝啬去夸赞自己的孩子,比如孩子摔倒了自己站起来,"你真棒";孩子可以自己拿筷子了,"你真棒"。其实这种夸赞的方法,虽然也会给孩子的成长带来积极正面的作用,但效果并不好,时间久了可能还会引起反作用。夸赞式教育策略也有它的技巧,一起来看看沐阳妈妈是怎么使用夸赞式育儿策略的吧。

《小毛虫》朗诵:夸赞夸具体,给孩子的成长指引方向

沐阳很喜欢《小毛虫》的最后一段,并且还读给沐阳妈妈听,但是沐阳妈妈听完之后没有说话,沐阳以为沐阳妈妈又走神了。

这个时候沐阳妈妈对着沐阳说:"我听着呢,宝贝,

我怎么没听呢？你读的是《小毛虫》最后一段……我不说话是因为，沐阳，听你读书，很感动。""我真的感动了。你好像又长大了，沐阳，你念书的样子真好。这些文字是很难的，可是你居然懂了，我好高兴，也好感动。它们是难的，也是美的，对不对？"

沐阳妈妈没有笼统地夸赞沐阳说："沐阳，你真棒""沐阳，你真厉害"而是给孩子指引了成长的方向。沐阳妈妈用夸赞的语言来表扬了孩子努力的过程，跟沐阳说这些文字都是很难的，但是你居然能理解，每一件成功事情的背后，都是我们付出的努力，孩子也一样，相信沐阳以后在学字和阅读上会越来越棒。

理科男的调查问卷：夸行为不夸结果，给孩子思考的空间

沐阳跟小伙伴要做一个关于环保的调查问卷，因为这次假期沐阳要跟妈妈和爸爸去大理游玩，于是小伙伴们就决定让沐阳带着30份问卷在云南大理完成。沐阳是一个在赞扬声中长大的孩子，他得到的也几乎都是正面的鼓励和赞美，但是这一次在大理他却感受到了人生中的不同意见和逆向思维。

沐阳妈妈带着沐阳去拜访一位在大理的朋友——方阿姨。沐阳想让方阿姨帮忙填写问卷，但是方阿姨看了问卷以后，很严肃地点出了问卷设计上的问题。沐阳特

别诧异，因为从设计问卷到让人填写问卷，他们一直都被夸赞说很棒，但是方阿姨这样一说，沐阳就有点傻了，一开始是满不在乎地说着问卷，后来渐渐地，沐阳坐到方阿姨的旁边，认真地想着，并回答她的一些提问，和她一起回顾问卷上的题目，中途沐阳向沐阳妈妈投来求助的眼神，但是沐阳妈妈以微笑回应沐阳。回去的路上，沐阳问沐阳妈妈："我们的问卷是不是有很多问题？"沐阳妈妈没有回答是或者不是，而是跟沐阳说："够好了，小伙子，我还以为你会跳脚，哈哈！你很棒，其实方阿姨说的好多话你都不太懂吧？"

沐阳妈妈留意沐阳的表现行为，夸赞他在遇到不同意见的情况下的表现，并给沐阳足够的空间让他去独立思考，相信沐阳在今后遇到不同的声音时也会认真思考，并且尊重不同的意见。最后，沐阳跟他的小分队一起设计了一份真正有意义的问卷。

男生女生大战：用夸赞跟孩子统一战线，伴孩子走过成长的实践课

小学的时候，女生的心理发育会快于男生，很多心理发育落后的男生就成了被管理者，女生们的善解人意和伶牙俐齿，让她们能很快成为老师的好帮手。男生跟女生就很容易产生矛盾。在沐阳上一年级的时候，因为班级上的一个流言，女生们说"男生说我们班的女生全都是小肥猪",女生们发誓要"追凶到底"!女生们下了课就聚在一起最后一致决定:抓紧下课的每分每秒追打男生!其他男生抱头鼠窜夺路而逃,而沐阳被围追堵截到厕所,最后男生们准备向女生们全面宣战!

沐阳觉得爸爸妈妈是站在女生那一边的,在家里就是一副谁要你们管、管了我也要抗衡到底的样子。沐阳妈妈觉得这样不行,而且作战计划也会存在一定的危险,于是夸赞沐阳说:"老实说,作为母亲,我是十分高兴你成为'战争狂人'的,因为你心底的男孩终于觉醒了,终于不再逃到厕所哭泣,而是真正懂得'反抗'了,这是性别的巨大觉醒和进步!"沐阳妈妈转变战略,用夸赞式教育方法,跟沐阳站在统一战线,果然,效果很显著,沐阳就开始跟沐阳妈妈分享他的作战计划,沐阳妈妈帮助沐阳修改完善了作战计划,把男生女生的对抗转换为男生女生的狂欢,并且还提醒沐阳在追追打打的过程中要有度,沐阳都一一接受了。但最后的结果就是男生女生和好了,因为孩子之间的友情就是这么简单又纯真。

沐阳妈妈用夸赞式育儿的策略,让沐阳觉得妈妈是在维护他的,是和他处在统一战线的。有时候,孩子在成长的过程中必然要去经历一些成长实践课,男生和女生的相处是比较有挑战性的,是关于情商的成长。家长可以用夸赞式的方法,跟孩子站在统一战线,帮助孩子将一些负能量转换为正能量,帮助孩子去走过成长的实践课。

非吼叫妈妈俱乐部亲子部　方芊　供稿

> 🔍 共读时光:参看《沐阳上学记·2·吃数字的数学狂人》之《永恒的第一秒》;《沐阳上学记·5·小猪小猪噼里啪》之《女生是不是老虎》。

非吼叫妈妈俱乐部

母慈子孝之二十四节气：

第 N+10000 次跟他说要多跟成绩好的同学一起玩，他还是喜欢跟那几个"问题小孩"扎堆，几个人还经常凑在一起嘀嘀咕咕，不知道在"策划"什么大行动。

河东狮不吼：

"问题小孩"还是得远离，你还是得多念叨他。

一沙一世界：

没关系吧，孩子总归要建立自己的朋友圈的，跟谁玩都可以，每个孩子都有闪光点，都行，都好的，哈哈。

偶像是虎妈：

"近朱者赤，近墨者黑""孟母三迁"这样的老掉牙的故事就不展开说了。

母慈子孝之二十四节气：

盯完作业盯社交，感觉身体被掏空！生活好多难题，这个问题我选择放弃，随他去吧，孩子好像也不愿意我多干涉他的课余生活。

河东狮不吼：

潇洒姐！佩服！（此处有掌声）

课代表 X 酱：

要相信孩子们呢，想想咱们小时候！要是连交朋友都要父母做决定，那也太夸张了。

二十八
孩子交朋友，家长应该"插手"还是"放手"？

孩子自然的交友选择其实也是受到家庭环境和家庭成员的性格的影响的，只要孩子的选择没有方向性的错误，大可以给予孩子交友的自由，这是信任孩子的开始，也是让孩子在交往中获得成就感的开始。沐阳在交友的过程中也遇到过小困难，沐阳妈妈及时帮助了他，帮助孩子维护朋友圈，呵护友情的小苗。

"包办交友"要不得：避开思维误区，关注成长的长期价值

沐阳这一代孩子多数是独生子女，有些父母对孩子的朋友圈很上心，可能从幼儿园阶段就开始"经营"。但沐阳妈妈不太认同这样的交往，为人父母总要见证自己孩子的很多个"第一次"。当小娃娃成长为少年，他们的思想在日渐成熟，喜欢独立做一些决定来彰显自己的能力。习惯了"事事包办"的家长，忍不住要插手孩子的交友行为，

让孩子多交"好友",远离"差生""损友"。这其实恰恰是家长的思维误区:只看短期效果,忽略长期价值。家长的这种做法,一方面过分强化了友情对孩子成长的作用,对友情做了现实的价值衡量;一方面是"拔苗助长"式的代替孩子成长,忽略了成长是一个长期的、自主的过程。

这里可以学习沐阳班主任的做法,在适当的时候出现,告诉男生"要有气量",不要跟女生斤斤计较,不依不饶。班主任的做法主要有两点可取之处:第一点,适时出现,不要过度插手。班主任没有在男生女生一发生矛盾之时就出手干预,分出哪一方的对错,而是在矛盾即将激化,并且孩子们已经发觉因为这次对立产生了不好的后果而心生悔意之时,适时地告诉孩子们做人的原则——有气量,把矛盾化于无形。第二点,把权力给孩子,让孩子自己做选择。班主任在告诉孩子做人的原则之后,没有人为地评判哪一方的对错,这其实是在无形中消解了孩子们的绝对对立,转而让孩子们主动去寻求更高的精神境界,向着"有气量"的目标迈进。这也正是老师的高明之处。

不可不知的交友原则:世界复杂,保持简单

孩子身边有各种各样的同学,就像我们的生活中有各种各样的人,我们总是希望孩子在交友时能少走弯路,同时也能让孩子感受到友情的可贵。从短期来看,我们希望孩子能一下子选准朋友,交到一个好朋友确实是可以互相

鼓励，共同进步；从长期来看，孩子多元化交友，能够与不同的同学融洽相处，博采众长，才是最具有价值的行为，是最考验孩子心智的举动。

沐阳和同学们互相写同学录，对每一个同学的留言都仔仔细细地看过、认真地回复，为了让同学多给他写一点留言，他也会回馈同学很多的心里话。沐阳妈妈在一边无条件地支持、鼓励，还和沐阳一起讨论、一起策划，母子俩把写同学录当成了一种仪式。在阅读每一条留言的时候，不预设立场，沐阳妈妈告诉沐阳每一条留言背后都是一颗心，是友情的萌芽。在回复每一段留言的时候，要写多一点，再多一点，因为只有这样才能心无芥蒂，付出多一点才能获得最多的回报。看到沐阳欣赏的女同学的留言，沐阳妈妈也充分尊重孩子的隐私，让那些秘密的话，留在沐阳心里秘密的角落，留一点空间给孩子。

孩子，你可以慢慢来：常常安慰，总是帮助，偶尔治愈

当不同性格的孩子成了朋友，偶尔的争端和分歧是不可避免的，刚刚生发的友谊的小苗就要这样被摧毁了吗？作为家长，可不要坐视不管，这时候是绝佳的了解自己孩子的机会，也是教会孩子获得处理分歧，重新维护一段关系的能力的机会。家长可以适时扮演起孩子身边的"心理咨询师"——常常安慰，总是帮助，偶尔治愈，帮助不怎么会互相沟通的孩子说出心中的想法，帮助木讷的孩子迈出改善关系的第一步。你的孩子不仅仅会收获一段全新的友情，还将更加了解自己，理解他人，获得同理心。

　　沐阳在组织全班同学写同学录的过程中也遇到了难题，沐阳妈妈巧妙地化解了孩子们之间的误会，也鼓励沐阳为改善这段关系做出自己的努力。当沐阳有一天垂头丧气地回到家里，沐阳妈妈察觉到他情绪异常，了解到是沐阳的同学洪宇王没给沐阳写同学录，让沐阳觉得很失落。沐阳妈妈很快进行了处理，想问清楚洪宇王这一行为是针对沐阳的还是针对全班的。原来，是洪宇王觉得无话可写，所以才拒绝了给全班同学写同学录。事态就变得明朗了。沐阳妈妈用轻松的语气鼓励沐阳，要努力争取洪宇王留下一点痕迹在别人的同学录上，哪怕写一点好玩的事儿留存一点记忆也是好的。沐阳妈妈在给沐阳出主意的同时，其实也是在观察沐阳的态度，转移沐阳的失落的感受，沐阳也很快忘却了烦心事，和妈妈一起回忆起了小时候的趣事，还说起了同学录中同学们的祝福。

　　沐阳妈妈就这样巧妙地帮助孩子梳理了同学之间矛盾的来龙去脉，消解了双方对立的情绪，让孩子发现，其实一切事情都有解决办法，可以通过好好沟通，让双方都能说出心中的感受，寻找到双方共同的美好记忆，呵护来之不易的友情，维护自己的朋友圈。

非吼叫妈妈俱乐部亲子部　万众　供稿

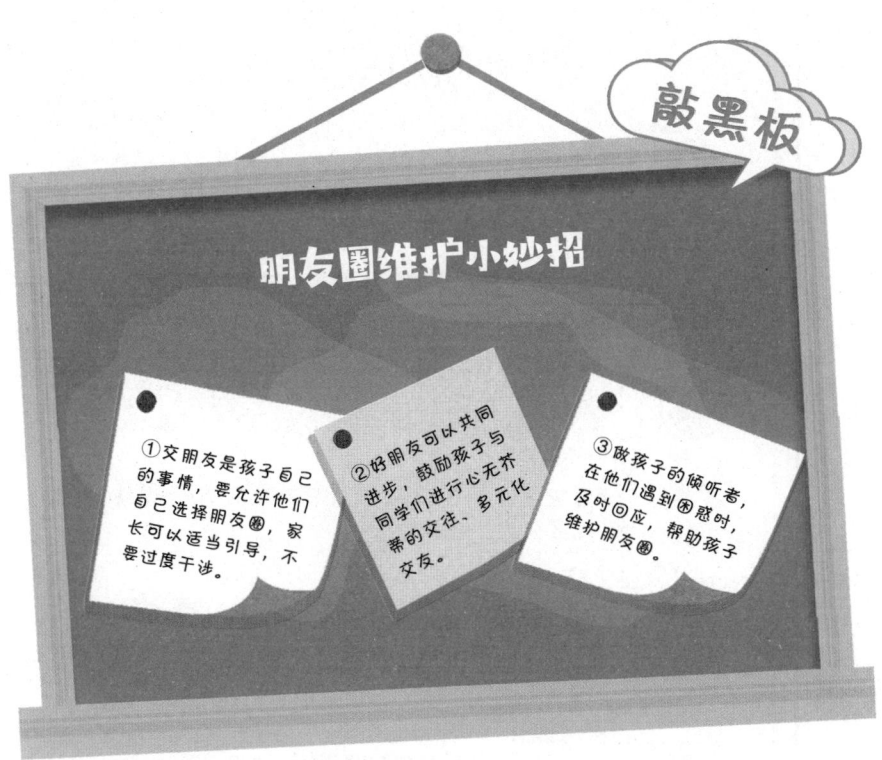

共读时光：参看《沐阳上学记·8·夏天纪念册》之《夏天纪念册》。

非吼叫妈妈俱乐部

一沙一世界：
 看！我们带娃去野生动物园玩乐的照片！

河东狮不吼：
 哇，玩得好开心啊，这是什么时候去的呀？

一沙一世界：
 上周去的，我休年假，想着孩子跟我念叨了两年的动物园，就带他去玩了一周。

偶像是虎妈：
 厉害了，我家已经很久没有玩过两个连续的整天了。

河东不狮吼：
 我们家也是的，周日的休息时间，还是我费尽心思调出来的，为了周末不补课，周六的课都排到晚上了。

偶像是虎妈：
 孩子的学习时间跟我们一样，"996"，从小就是打工人，这才能适应优胜劣汰的竞争法则。

一沙一世界：
 不多带他们"喘喘气"，是会闷坏的。

河东不狮吼：
 但是这学习一停下来，就会掉很长的队啦，有心没胆啊。

一沙一世界：
停下来也不一定会掉队的，劳逸结合才能用更好的状态学习嘛，再说"双减"都来了，各位还不动起来？

二十九
在竞争激烈的环境中，如何帮助孩子"停下来"喘口气？

父母之爱子，则为之计深远，在激烈竞争环境中艰难生存的家长们深思熟虑地为孩子们考虑未来，为了让孩子最终站上他们梦想的金字塔尖，耗尽了人力物力，更耗尽了孩子们的玩乐时间。

然而，父母们忘记了，教育不是一场有唯一秘籍的通关游戏，生活也不是打怪升级这样的单线条形式，再激烈的竞争，也需要偶尔"停下来"喘口气，就像很多人都知道的道理——享受过程往往比赢得结果更重要，只是少之又少的人能够做到，特别是对他们的孩子，就更难做到。沐阳妈妈同样希望沐阳做那个能跟上队伍的孩子，平静而持续地奔跑，但同时她也明白，在路途中偶尔停下来发发呆，也属于正常，毕竟不停下来，你怎么发现生活中的那些细枝末节以及被遮掩的东西？

"停下来"不是浪费时间：感受生活不等于落后，在"慢"中学会思考

"逆水行舟不进则退"，在这样名言警句下成长的家长们是不敢"停下来"的，对他们来说，"停下来"就意味着时间的浪费，"停下来"就意味着竞争中的落后。可是，就像沐阳妈妈说的那样，一个家庭、一个人和一个小孩都一年到头马不停蹄，忙得来不及看清自己的脚步，来不及打量和注视风景，怎么知道自己想要什么？怎么清楚什么对自己是最重要的？所以停下来，享受一段真正的慢生活吧。

看看沐阳停下来的时候感受到了什么？在大理待了一段时间的他，感受到了从高空俯冲而下的海鸥，感受到了调皮的云朵，感受了远处苍山头挨着头。这些自然而然存在、常常被理所当然忽视掉的风景，静静地去感受就是一种享受，沐阳感受到了，也享受到了那份慢生活的快乐！除了风景，还有人，慢慢地去感受生活中的人，是沐阳大理之行很特别的事情。他为了学校的问卷调查不断追逐行走在路上的人们，而这个过程中，最特别的方阿姨让他听到了不一样的声音，雏鹰小分队精心设计的问卷，受到了大人们的统一称赞，但是方阿姨提出了质疑，这份质疑引发了沐阳的思考，它会是沐阳难以忘怀的记忆。正是因为停下来了，不断偶遇这样一些生活中不经意的小插曲，那些细枝末节以及被遮蔽的东西才能被发现，才能让沐阳有了一

些与平时不一样的思考,这是校园学习无法替代,但又特别重要的事情。

不当领导者又如何:竞争激烈,心态怎么平衡?不如放手给孩子空间!

当教育体制过度依赖标准化测验,为人父母者也过度重视竞争与排名,这样不仅无益于孩子能力的发展及养成,甚至可能扼杀孩子学习的动机和创造力,使其缺乏自信,当父母过于重视竞争、成绩排名,但孩子又无法达到要求和期待时,孩子便会陷入一次又一次恶性循环,沐阳不喜欢当主角抛头露面,不想当领导者的性格一度让沐阳妈妈很焦虑,没有哪个父母不希望自己的孩子成为主角,尤其是在竞争激烈的社会上,每个人都拼命往前,而沐阳却往后缩。为了让沐阳这样内向的孩子走到舞台中心,感受瞩目和掌声,沐阳妈妈甚至去研究儿童戏剧课题,然而这个课题给沐阳带来了更坏的感受,他原本只想扮演一只不被重视的跛脚瓢虫,却被妈妈揪着在舞台中间飞来飞去。妈妈的高要求让沐阳感受到了众目睽睽之下的羞耻感,这场精心设计的表现力培养计划朝着反方向走去。

虽然竞争激烈,但父母的心态还是要学会调整,要去理解和信任孩子的想法,让孩子找到自己最合适最舒服的位置和发展空间,不要一味地用自己的价值观套牢孩子的人生,认为自己的想法是最好的,事实上,孩子远比你想象得更宽广、强大，他们才是未来的主人。

一定要成为数学家吗：无法置身事外？那就将玩和兴趣融入进来

当下，想要跳脱激烈的竞争环境，需要巨大的勇气，绝大多数人都没有办法置身事外，那么怎么样才能在当下的竞争环境中快乐成长呢？那就需要把玩和兴趣融入进来，在玩乐中学习并不是一个过于理想化的想法，只要方法得当，孩子就会尽情享受学习的乐趣。

沐阳是一个很特别的孩子，他喜爱数学，尤其喜爱奥数，而他的这个爱好是沐阳妈妈大大的意外，毕竟自认为没有数学天赋的她想不到自己有什么数学基因能够遗传给孩子。沐阳小学的时候就已经开始计算微积分，立志要当数学家，虽然数学也给他带来过挫败感，刚进中学时，竞争激烈，数学成绩起伏太大让他感到焦躁不自信，但在妈妈和傅老师的开导下，沐阳意识到保持对这个世界的好奇心，享受爱好和兴趣，体会与对手交锋的真正乐趣，拥有天外有天的人生眼界，才是最重要的。

教育是一座灯塔，指引孩子成长，去到更远的远方。至于航行的方向，每个孩子都将是自己的掌舵人。父母要当好水手的角色，陪伴孩子一起乘风破浪。

非吼叫妈妈俱乐部亲子部　闫兰　供稿

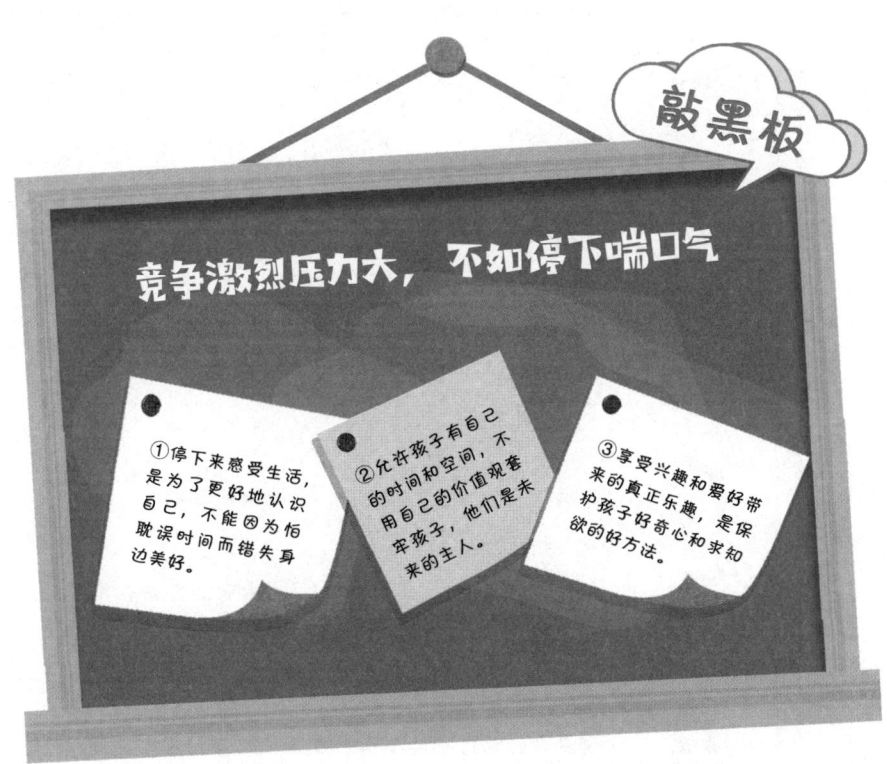

竞争激烈压力大，不如停下喘口气

①停下来感受生活，是为了更好地认识自己，不能因为怕耽误时间而错失身边美好。

②允许孩子有自己的时间和空间，不用自己的价值观套牢孩子，他们是未来的主人。

③享受兴趣和爱好带来的真正乐趣，是保护孩子好奇心和求知欲的好方法。

🔍 共读时光：参看《沐阳上学记·9·怪兽怪兽，我来啦》之《安就是一个小小孩》；《沐阳上学记·8·夏天纪念册》之《一个名叫大理的地方》。

非吼叫妈妈俱乐部

偶像是虎妈：
我怀疑我家孩子有自闭倾向。

河东狮不吼
咋了？

偶像是虎妈：
今天带孩子去公园，他又不肯跟别人说话，闷着不出声。

老言无忌：
有的孩子天生性格就内向，长大就好了。

课代表X酱：
哎，我家也是，有天看老师发给我的照片，同学们都在小组合作完成任务，唯独我家娃一个人在那里自己单独完成。

一沙一世界：
老师没让他去别的小组与同学一起合作吗？

课代表x酱：
当然有啊，可是他就是不愿意融入集体。

偶像是虎妈：
我们那个年代都有兄弟姐妹，你不想与人沟通都很难。

课代表x酱：
我也愁，大家有什么好的办法没？

一沙一世界：
为什么一定要与同龄人玩呢？或许他可以尝试和比自己大的孩子一起玩。

三十
孩子朋友少,家长要如何帮助?

在孩子的成长过程中,养成与他人建立良好社交关系的能力非常重要,在人的三大情感支撑中,友情能给孩子的一生提供重要的养分。友情的建立与维护,既是一种社交技能,又是人的情感需求。在大多数家长眼里,孩子总能很容易因为游戏、零食、玩具跟其他小朋友打成一片。但是,也总会出现一部分孩子很难融入圈子的情况,这是为什么呢?遇到这种情况家长又该如何帮助孩子呢?沐阳妈妈的小妙招就是创造条件为孩子提供一个交友机会,而且她的方法切实有效,不仅对沐阳的同伴关系进行了很好的培养,也让沐阳在成长道路上埋下了一颗友谊的种子。

跟着老妈去上班:领着孩子走出去,勇敢结交新朋友

孩子们之间的交往需要商量、协调,甚至会出现冲突,这一切对于没什么社交经验的他们来说,是一件很麻烦的事,除了父母的陪伴,同伴关系的培养就显得必不可少。

沐阳是独生子女，教授老妈也常担心他的交往能力不能充分发展，经常为此烦恼。沐阳妈妈会主动带沐阳去接触新朋友，沐阳最喜欢妈妈大学校园里的黑板，于是在那里涂涂写写，还遇见了一个不错的大朋友。沐阳妈妈热情地介绍两个人认识，这位大朋友是"漫画高手"，不一会儿就和沐阳聊起了黑板上的画。两个人从漫画聊到宇宙银河，聊到数学，聊到外星人。沐阳妈妈提供的这次机会，让沐阳用一下午的时间，就交到了一个好朋友。也许家长们无法像沐阳妈妈一样，带着沐阳去单位，但沐阳妈妈的方法一样可以参考。假日里挑选合适的机会，带孩子去同龄人多的地方逛一逛，即使只是短暂的交流，也能带给孩子收获。

坐标系里的引领：朋友也可以选择志同道合的大孩子

尽管父母常常尽最大的努力，为独生子女提供大量与同龄孩子社交的机会，但这种交往机会还是相当受限的。这种交往常常是在成人的计划、限时和监督下的。这意味着孩子失去了在没有成人为他们分配物品、给他们提供社交技巧、为他们找到分享有限的玩具和空间的条件下学习建立自己"领地"的技巧的机会。

在培养同伴关系中，同伴关系的选择对象也很重要，孩子的伙伴不仅可以是同龄人，志同道合的大孩子也必不可少。许多孩子在与同伴的交往过程中，更喜欢和比自己大的同伴玩，因为大的同伴思想更为成熟，更具有包容性，更具有主导性，在交往过程中起到很好的示范、引领作用，能让小的孩子有更多的获得感。当李沐阳的那位"八年级"大哥哥给他讲坐标系、函数的时候，无疑为数学小迷弟李沐阳打开了新世界的大门，"八年级"对科幻电影与数学的了解与热爱，让沐阳觉得自己找到了同道中人。"八年级"丰富的知识面，也在沐阳心里树立了一个标杆，让他在懵懂中感受到了天外有天、人外有人，这也有利于启发年龄较小的孩子的自我认知。

我了解你：学会分享，找到与自己志趣相投的朋友

青少年时期的共情能力随年龄增长而迅速发展。共情是指对他人的情绪情感比较敏感，个体在与他人的交往过程中，能站在他人的角度去理解他人感受并做出合情合理的反应，产生与他人相一致的情感状态的能力。在现代社会，共情能力高的人通常沟通能力较强，更容易和人相处，往往被人称为情商高。现在的孩子多为独生子女，他们在人际关系中，多以自我为中心，在交朋友的过程中很容易忽视同伴的感受，这个时候就需要父母进行关注，并对其行为进行引领，引导孩子积极倾听同伴的话语，设身处地地为对方考虑，做到乐于分享，及时回应。

沐阳和"八年级"的大哥哥第一次见面，就有这样一段对话："喂喂，我知道你的，李沐阳，听说你数学很好，对吧？我给你出道题……"接着大哥哥以李沐阳来不及反应的速度，给他出了一道关于坐标系的题，勾起了李沐阳极大的兴趣。李沐阳是这样来形容这个场景的："我敢担保，他在黑板上的字写得又快又好，而且这一系列动作几乎是一气呵成的，我的脑子根本转不过来，只能目瞪口呆！"这种共情能力，在沐阳的心里就种下了一颗种子。他写道："我承认，我虽然被'八年级'弄得晕头转向，可是我却开始崇拜他了，我觉得我们有好多共同话题，我的话匣子一下子就打开了。"

事实证明，越早与人群接触，接触的人群越多，孩子的性格越开朗，适应环境的能力和长大后的社会交往能力就越强。

非吼叫妈妈俱乐部亲子部　何娟　供稿

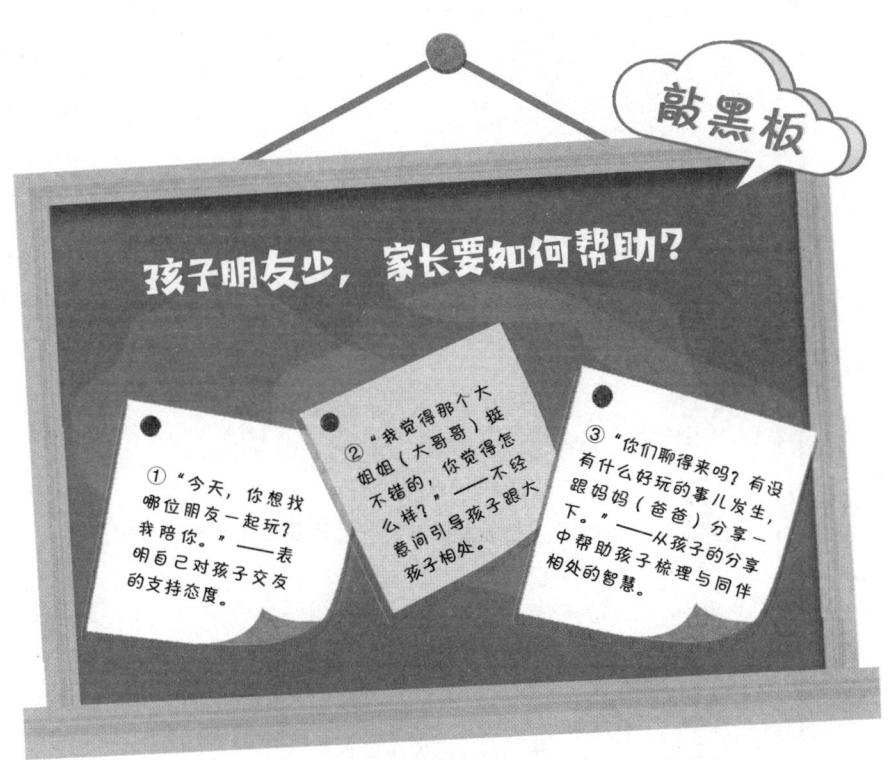

共读时光：参看《沐阳上学记·6·倒霉的配角》之《银河系与坐标系》。

非吼叫妈妈俱乐部

偶像是虎妈：
我家娃看到同学家养了宠物，闹着要养只小狗。

河东狮不吼：
孩子都喜欢小动物，我家这位小时候连只蚂蚁都要看半天，拉都拉不走。

偶像是虎妈：
之前给他养了小乌龟、小金鱼，但是这狗可不是说养就能养的。

母慈子孝之二十四节气：
对呀，吃喝拉撒都要管，还要出去遛狗，麻烦事儿太多。

河东狮不吼：
赞同！养之前考虑清楚。

母慈子孝之二十四节气：
万一养了，真的要负责到底。

课代表X酱：
还要教孩子怎么和宠物和谐相处。

偶像是虎妈：
啊，想想就头疼，这么多要考虑的事情。

课代表X酱：
家庭会议可以开起来了，征求大家的意见。

三十一
孩子"欺负"小猫小狗，如何才能让孩子理解每一个生命？

孩子天生喜爱小动物，在他们与小动物相处的过程中，有些举动可能并不能让小动物感到舒服，可能还会有意无意地欺负小动物。看到虐待动物的新闻报道，不免让一些父母感到担心，自己的孩子会不会也有可能虐待动物，会不会造成严重后果？其实，和动物友好相处，孩子也需要学习，特别是年龄小的孩子，他们的身心发展还不成熟，无法正确表达自己的情感，更容易做出一些看上去"暴力"的举动。沐阳小时候遇到过这么一件事，他的一个无心之举，让一只小狗害怕到打哆嗦。沐阳妈妈和狗主人没有给沐阳贴上"暴力宝宝""虐待动物"的标签，而是帮助他分析、引导他思考，让沐阳学会如何尊重生命。

"我想摆脱它，决定吓唬它一下"——孩子做事无心，家长要适时指正

当孩子年龄还小的时候，心智还没有发展成熟，所以当他们心中有负面情绪时，往往处理不好。既不会自我排解，也不能像爸爸妈妈一样忍着，只能凭借本能来发泄情绪，有时候会出现一些"破坏性"的行为。沐阳跟着爸爸妈妈到大理古城游玩，古城热闹、漂亮，多数时候他是自由又开心的，不过也难免出现不和谐的小插曲。比如没有吃到想吃的瓦鱼，没有买到想买的鸭蛋来孵化小鸭子。沐阳心中难免有了些不开心的情绪，而且无处发泄。直到他无意中踢到了易拉罐，擦到了一只小狗的耳朵，他发现他害怕的狗竟然没来"报复"他，才放下心来。

　　后来，沐阳去拜访方阿姨，在方阿姨的家里，沐阳又见到了狗：一只凶猛的大藏獒和一只小狗。小狗对沐阳的到来表示出了极大的热情，一直围在他的周围转来转去，但是怕狗的沐阳不喜欢这样。有了上次跟狗的"斗争经验"，沐阳这次决定"吓唬它一下"，他抬起脚，踩向小狗，却惊奇地发现"这个小傻瓜，为什么不知道害怕呢"？方阿姨适时地告诉沐阳，不要这样对待小狗，小狗会害怕、会发抖，沐阳才觉察到小狗的恐惧。沐阳如此对待方阿姨的小狗，其实是无心之举，同时，也是受到好奇心的驱使，想看看小狗的反应。方阿姨及时提醒他，指正了他不恰当的行为，沐阳才认识到了自己的错误，也学会了用"同理心"对待小动物。

"蹲下来,平等相对"——动物是和人类平等的生命体,需要用"同理心"对待

心理学研究表明,孩子会欺负小动物,主要是他们自身的生理和心理发展特点所导致的。孩子会受到好奇心的驱使,想要探寻小动物的反应;但受到认知水平的局限,孩子把小动物当成了一个"小玩物",认为可以随心所欲地对待。如果孩子能够在大人的引导下,学会换位思考,具有"同理心"就十分必要。

方阿姨从小狗的角度出发,解读了小狗围绕在沐阳身边的原因,也进一步解读了因为沐阳的"不友好"可能会导致的后果,建议沐阳"蹲下来,和它平等相处"。沐阳由开始的好奇转为惊讶,这才意识到自己对小狗的"吓唬"被小狗解读成了"伤害",他陷入了自责中,追问妈妈是不是"有很多问题"。可以看到,方阿姨作为外界的环境代表,对沐阳形成了一种刺激,促使他反思,学着用"同理心"对待动物,换位思考。后来,沐阳也蹲下来,友好地和小狗玩耍,小狗还舔了舔他的手。

沐阳妈妈没有着急干预沐阳和方阿姨的对话,即使沐阳不断地用眼神求助,她也"只是微笑应对"。她的"原地等待"换来的是沐阳自己消化了情绪,转变了负面的情绪。同时,"原地等待"也给了沐阳进退和思考的空间,沐阳像大人一样听取不同的意见,不管认同还是不认同,都是一种平等的交流,都是一种经历。沐阳妈妈的做法,也是

平等地对待孩子，以身作则：我能感知到你的需要，也会给予我恰当的回应。

"有容乃大，听得进反对意见"——家长要以身作则，给孩子做好榜样

语言沟通能力不好的孩子，会更多地出现"暴力"行为。因此当孩子出现暴力的行为时，除了要及时制止，还要耐心地询问孩子原因，引导他们说出真实的意图和想法，鼓励孩子把自己的情绪说出来，并告诉他们这是排解情绪的最佳方式。沐阳一家离开方阿姨家之后，沐阳妈妈适时引导，帮助沐阳敞开心扉，说出心中的困惑，缓解其内心的压力。沐阳妈妈深知让一个习惯受到表扬的孩子，接受外界的反对意见不容易，一定会给孩子造成内心的波动和压力感。所以，她没有选择继续说教，而是首先肯定了沐阳"够好了，小伙子，我还以为你会跳脚""认真听取别人的意见，体现了一个人的教养，我为你骄傲"，这无异于一次心理按摩，沐阳迅速地放松下来，还认为妈妈"鼓励得我都有点想哭了"，他的委屈、自责的情绪在这时候宣泄出来，避免了不良情绪的进一步升级。随后，沐阳妈妈抓住了时机，因势利导告诉沐阳要善于听取不同的意见，尤其是这些意见对他是有好处的。

孩子跟动物有天然的亲近感，他们喜欢小动物，但有的时候掌握不好分寸。沐阳妈妈觉察到沐阳欺负小狗的深

层次原因其实是对小狗等小动物的好奇,只不过沐阳不知道该如何跟动物相处。沐阳妈妈便进一步鼓励沐阳亲近动物,提出带沐阳去看小鸭子。希望沐阳在下一次和动物的互动中,练习如何与动物相处。这也进一步弥补了沐阳不能买回小鸭子的遗憾,疏解了他的不开心的情绪,毕竟就像沐阳妈妈说的,"好心情最重要"。

非吼叫妈妈俱乐部亲子部　万众　供稿

如何教孩子与动物相处?

①动物是和人类一样的生命体,要俯下身平等对待它们。

②孩子做事无心,家长要适时指正孩子的不恰当行为。

③家长要以身作则爱护动物,给孩子做好榜样。

共读时光:参看《沐阳上学记·8·夏天纪念册》之《环保斗士在路上》。

非吼叫妈妈俱乐部

偶像是虎妈：
大家都有看冬奥会吗？我打算按照谷爱凌的方向培养娃了！

老言无忌：
可惜理想很丰满，现实很骨感，孩子哪有那个时间啊，好好学习最重要！

母慈子孝之二十四节气：
我家这也嚷嚷着要去学滑冰，我正纠结着呢。

一沙一世界：
我倒是觉得做点运动挺好的，他们平时课业这么忙，动一动有益于健康！

课代表X酱：
我同意，运动不仅健身，其实还可以健脑！看看冬奥会冠军，个个德智体美劳全方位发展。

一沙一世界：
那是不是要给孩子报个班学习学习呢？

老言无忌：
清醒一点，想把娃培养成谷爱凌，首先你得先向她妈看齐！

课代表X酱：
学习沐阳妈妈也可以呀！跳绳都能跳出大学问。

一沙一世界：
这方法接地气！

偶像是虎妈：
马上掏出我的《沐阳上学记》！

三十二
如何通过体育运动培养孩子的全面发展？

为什么要让孩子养成运动的习惯？很多家长对运动的认识存在误区，认为运动无非是为了保持身体健康，孩子吃好喝好也能达到同样的目的，那运动就是不必要的。而且，现在孩子面临的升学压力大，学业繁忙，家长更乐于让孩子在课余时间上兴趣班，或者多做几张试卷，并且认为："我家孩子以后又不当运动员，浪费那时间干吗？"其实，运动对孩子的成长是意义非凡的，运动不仅是一种健康的生活方式，而且可以让孩子变得勇敢且自律。沐阳妈妈一直认为"健康第一，学习第二"，因此她在沐阳的每日计划表中加上了跳绳这个运动项目，要求沐阳保持运动。沐阳没想到，老妈给自己安排的跳绳活动，竟然还促成了他在美国的"创业项目"！

成长不必"赶班车"：将运动提上日程，让孩子自然成长

"望子成龙，望女成凤"是每个家长的愿望和普遍诉求，家长总是想要按照自己心中的标准来塑造孩子,让孩子按照既定的轨迹成长。父母会以自己的阅历、处事方法来框限孩子的发展,比如运动在许多家长眼中是没有价值的,是在浪费时间,他们认为孩子只要认真读书就够了。其实,这是一个教育的误区,正如沐阳妈妈所言:"有时候父母培养孩子都挺一厢情愿的,我们说智商情商财商,我们好像总唯恐他们拉下其中一个'商'。"我们不妨反问自己一句:这些真的那么重要吗?成长不必急着赶班车,最好的成长状态就是自然成长,让孩子尽情吸收阳光和营养。

沐阳妈妈要求沐阳每天在放学后散步,跳绳两千下,这也成了沐阳日程表上雷打不动的一项活动,这样定期的运动不仅刺激着身体的器官和组织,让身体保持强健的状态,还可以促使大脑神经细胞活跃,提升注意力、创造力和记忆力,可以让孩子更高效地学习。家长可以像沐阳妈妈一样,给孩子制订运动计划,并带领孩子形成运动习惯,只有坚持良好的运动习惯,才能促进孩子学习的进步。学习和运动是相辅相成的,学霸未必都是整天坐在书桌前埋头苦读的,运动员也未必都是四肢简单头脑发达的。

"跳绳俱乐部"的首场聚会:激起孩子的兴趣,让运动成为"创业"契机

目标总是令人兴奋的,但是成功的背后,往往是极其枯燥的重复。如何让孩子坚持下去,其秘诀就是——兴趣。

沐阳妈妈知道兴趣对于孩子的重要性，为了督促沐阳坚持跳绳，沐阳妈妈苦口婆心向他说过跳绳的很多优点，比如：跳绳可以长高，让身体的各个零件自动修复，所有疾病不治而愈。但是沐阳仍然喊着："我简直要累死了，这哪里是为了让我长高啊，这、这简直就是为了让我的脚趾头长残啊。"但是沐阳妈妈没有在运动这件事上退让，而是不断试图激发沐阳对运动的兴趣。

　　沐阳妈妈在教育沐阳的过程中，始终是一个引导者的形象，她将美国"蜂蜜女孩"的创业文章发给沐阳，不是觉得自己的孩子不如"别人家的孩子"，和沐阳进行比较。而是旁敲侧击，激发孩子的兴趣，让沐阳发挥自己的优势，体验不同的成长形式。沐阳在看到妈妈给自己分享的文章之后，他想到，美国人可没有他的跳绳绝技，于是他决定发扬自己的跳绳特长，和表弟共同创办跳绳俱乐部。运动让这些孩子们跨越国界、文化和宗教聚集在一起，形成一个新的生活空间。在家长良好的养育和明智的帮助下，孩子的运动习惯可以得到更有益的引导，运动也会成为孩子成长和学习的深层力量源泉。

穿过"次元裂缝"：让孩子勇敢尝试，在运动中造就最强大脑

　　孩子对于学习和运动的热爱是联系在一起的，在运动的过程中，孩子可以自己创造属于自己的生活，它是孩子

旺盛创造力宣泄的渠道。经常运动不仅有助于小朋友们身体健康，同时也能塑造他们的个性和独有的行为。在此期间，如果成人能给予少许帮助，他们会不断地发展新的技巧和能力，成长为更优秀的人。

  沐阳在创业的过程中，和表弟通力合作，前期进行市场调查，确定附近有跳绳运动的市场；之后，一方面在小区门口造势，进行宣传，另一方面，想出了利用优惠券引起关注的好点子。在此次的"跳绳事件"中，沐阳用自己的运动所长勇敢尝试，不仅增长了社会经历，而且掌握了社交技巧，而这些，都不是课本上可以习得的能力。即使最后创业失败，那又何妨？沐阳在这个合作的过程中，收获的是友情，是责任感。正如沐阳妈妈所说："只要不危害身心，轻轻拨一拨，阳光和营养是足够的，让他们尽情吸收尽情长。"家长不要去攀比"学神""学霸"，不要去羡慕别人家的孩子，像沐阳妈妈一样，先让孩子走出家门，从一项小小的跳绳运动开始，也会收获比书本上的知识更多的宝贵财富。

非吼叫妈妈俱乐部亲子部　董卫娟　刘淦　供稿

🔍 共读时光：参看《沐阳上学记·10·再见，儿童时代》之《跳绳俱乐部》《漫威能不能拯救世界(下)》。

非吼叫妈妈俱乐部

偶像是虎妈：
烦死了，孩子天天抠鼻子，担心他长大跟他爸一样是个猪鼻子呀！

一沙一世界：
哈哈哈，这么黑你老公好吗？

偶像是虎妈：
我说的是事实。怎么办，我说也说了、骂也骂了，结果，一回头他又在抠。

河东不狮吼：
我家倒是不抠鼻子，但是他挑食，对他来说，胡萝卜简直就是灾难。

偶像是虎妈：
坏毛病都有，但是抠鼻子，真的是长在我的恶心点上了，现在我满脑子都是那个大鼻孔和手指。

一沙一世界：
虎妈，估计你有洁癖，那你要是看到我们家的垃圾堆，就不会再想那两个"洞洞"了，佛系佛系，不要放大情绪。

偶像是虎妈：
太难了，你们说，这些坏毛病怎么"治"呀？

一沙一世界：
沐阳不也当过"屎壳郎先生"嘛，咱们看看沐阳妈妈是怎么做的！

三十三
"坏"习惯滋生了,轻松化解有妙招

好习惯的养成并非一朝一夕,但坏习惯就不同了,对于孩子来说,坏习惯的滋生就是一时一秒一次的事情。眼见活泼可爱的孩子,瞬间变成了"屎壳郎先生""不吃青菜公主""臭屁大王(喜欢说屎屁尿的小朋友)",父母当然"抓狂",轻则好言相劝,重则诉诸武力急于求成地逼其"就范",但这常常是治标不治本,还很有可能让孩子们的坏习惯变本加厉。沐阳就曾当过"屎壳郎先生",他不仅抠鼻子,还将家里各种地方变成了"秘密鼻屎基地",而我们神通广大的沐阳妈妈也曾对此"束手无策"过,那么当孩子滋生出各种层出不穷的坏毛病时,父母该如何应对呢?我们一起学学沐阳妈妈的"轻松一刻生活智慧"吧。

抠鼻子大王："坏习惯"还是"小问题",探究原因再行动

当家里有了"抠鼻子大王"的时候,不要第一时间着急上头,虽然"讨厌"或"恶心"这类词语会第一时间冒出来,但作为父母,要避免急于对孩子做出评判和批评,而应该观察并探究其发生的真正原因才能对症下药。

首先,不主张父母轻易地用好和坏来评价孩子的习惯,父母得学会区分这个看上去有问题的习惯究竟是由于心理原因造成的,还是身体出了问题,无论是抠鼻子、挑食、说脏话还是其他一些坏毛病,都有可能是身体上出了病理性问题,比如鼻炎、缺乏某种维生素等。作为父母,发现孩子有"坏"习惯时,得先了解一些相关的知识,就拿"抠鼻子大王"的习惯来说,首先得知道:鼻屎是鼻腔分泌物凝固形成的,是人体新陈代谢的副产物,一个健康人的鼻子每天要处理几百毫升的鼻涕,相当于一听可乐,处理鼻屎是每个人都会去做的事情。而如果"抠鼻子"成了习惯,有可能是孩子出现了鼻腔炎症之类的问题,所以先带孩子去看下医生,如果判断是病理性问题,及时就医治疗;如果判断是非病理性问题,咱们再看下一步怎么跟孩子"斗智斗勇"。

沐阳妈妈发现"屎壳郎先生"的时候,不仅带沐阳去看了医生,还分析了城市空气污染和环境恶劣变化,从分析外归因开始探究孩子"抠鼻子"这个习惯是如何养成的。

孩子有新习惯出现时，不定义好坏，而是探究深层原因，是父母要做的第一步。

父母"练级"指南：制止不如重新建立，"树正"高效于"纠错"

那么确认"坏"习惯为非病理性问题后，父母又当如何行动呢？

孩子对于外界的变化和环境的不同，会有不一样的自我表达和表现，这在潜移默化中形成了每个人特有的性格和习惯。

当一件新的事件在亲子关系中发生时，无论是父母还是孩子都有一个"敏感期"，"青铜"父母在敏感期的反应常常是用言语讽刺、诉诸武力等过度行为进行纠错，而敏感期的孩子会对父母行为做出反应，父母的言语讽刺、诉诸武力等过度行为在他们眼中区别于日常状态，这时候，他们更多感受到的不会是害怕或者羞耻，"制造恶作剧带来的快乐"——破坏欲是这个时期他们更能体会到的。所以，只要父母持续态度过激，他们就会感受到持续的乐趣，他们可能还会换着花样来刺激父母，这些是他们成长过程中的对抗，是与父母之间亲密关系里的权力斗争。

沐阳妈妈对"屎壳郎先生"发出过制止命令，并做出了没收经费、扣除游戏时间的惩罚，而这个时期她收获到的是沐阳"道高一尺，魔高一丈"的回礼。

所以，这个时候，父母的心态就尤为重要，与其不断制止其行为，强化孩子对坏习惯的心理印象，不如引导其通过了解"坏习惯"建立一个好的习惯，比如抠鼻子这个事件，父母可以告诉孩子这是不太好的习惯，为什么不好呢？父母可以陪同孩子一起了解抠鼻子这个行为产生的原因，"一个健康人的鼻子每天要处理几百毫升的鼻涕，相当于一听可乐"，每个人都会用不同的方式处理掉鼻屎，比如可以用纸擤鼻子，当然也有很多人用手抠鼻子，只是如果要用手抠鼻子，首先得保证手指是干净的，所以抠鼻子之前需要用洗手液洗手，抠完鼻子后还需要再洗一次手，这样才比较安全，而且抠鼻子不能太用力，不然会流血。当孩子感觉这个"有趣"的事情变得特别复杂的时候，没有耐心的就会是他，他也就不会再做了。其他坏习惯也一样，用"树正"的方式解决问题远远高效于"纠错"。

"屎壳郎先生"的斗争：学习生活智慧，会幽默相处才是"王者"

与"屎壳郎先生"进行权力斗争的沐阳妈妈，收获甚微，在家里奇奇怪怪的地方发现的一团团黑乎乎的鼻屎，好像总在嘲讽地提醒她一个鼻屎大王永远的传奇存在。当她意识到自己的制止行为如同"竖起鸡毛"的母鸡一样，只会让孩子乐在其中时，她开始放松自己，学会有些事情放一放再说。不仅如此，她还送上一篇奇文，那篇"常吃鼻屎更健康"的文章,让沐阳大呼过瘾。不再竭力制止"屎壳郎先生"坏习惯的妈妈,让沐阳丈二和尚摸不到头脑,他不仅不再竭力反抗,而且重新思考起"抠鼻子"这件事情的意义。

所以,学习轻松一刻的生活智慧,学会与孩子幽默相处,才能更好地化解"坏"习惯的滋生。沐阳妈妈放过了"放大"坏习惯的自己的同时,消解了沐阳的逆反心理,坏习惯在她的智慧和幽默方式中慢慢化解,而对于幽默的妈妈,沐阳也放松警惕,不再强化自己的战斗武器,"抠鼻子"也就不会成为一个难以忍受或者难以消解的"坏习惯"了。

"坏"习惯滋生了,父母责任重大。探其究竟、使用有效沟通方式引导孩子正面思考、不批评、不极端惩罚、学习生活小智慧,与孩子幽默相处,相信"坏"习惯的滋生也只会是生活中一件有趣的事情,要知道"坏习惯"好养,同样"坏习惯"也容易被代替。

非吼叫妈妈俱乐部亲子部　闫兰　供稿

共读时光：参看《沭阳上学记·7·男生女生对对碰》之《谁家没有屎壳郎》。

非吼叫妈妈俱乐部

 偶像是虎妈：
各位宝妈们，求情绪控制的宝典秘籍，我一天和孩子大战三百回，吼叫八百回。

 老言无忌：
做个不发脾气的妈妈是需要磨砺的！

 母慈子孝二十四节气：
可以试着先做个会正确表达情绪的家长。

 偶像是虎妈：
情绪表达还需要学习的吗？小孩不是揍一顿就乖了吗？

 老言无忌：
不不不，"虎妈无犬子"，蕉蕉只会更加反叛，你则会越吼越多。

 偶像是虎妈：
那倒是，蕉蕉真的担得起"犬子"这个名！

 一沙一世界：
我认为，控制情绪需要从学会深呼吸开始，来，跟着我做，呼……吸……

 老言无忌：
我认为你这个方法对虎妈不适用哦，她呼吸前估计手已经伸出去了！

 母慈子孝二十四节气：
真想向大神取取经！

三十四
和孩子发生冲突，父母应如何正确表达情绪？

为什么父母也要学会表达自己的感受？情绪管理，是为人父母非常重要的一堂课，在孩子成长的过程中，亲子冲突是无法避免的，在冲突时刻，如何正确表达情绪是大多数父母必须面对的一道难题。但是在现实生活中，父母总试图将自己的消极情绪隐藏起来，营造出完美父母的虚假形象，尽管如此，这些情绪还是会以错误的方式流露出来。沐阳妈妈也并非十全十美，也会偶尔吼叫、失去耐心，在沐阳眼中，她是凡人妈妈，不够智慧，不够淡定，不够完美，也会有情绪不舒缓的时候，但是她知道，只有和孩子站在同一维度，坦诚表达情绪，才能和孩子同频共振，提升孩子处理情绪的能力。

牵着蜗牛去散步：巧妙利用冷处理，先将冲突放一边

亲子冲突是很多家庭的共同困扰，青少年阶段是情绪的暴风时期，如果情绪处理不得当，孩子极易做出不计后果的行为。其实,冲突并非会破坏良好的亲子关系,负面情绪才是关键的催化剂,因此,家长要做的不是"如何避免和孩子发生冲突",而是"如何面对以及应对冲突",要将冲突当成与孩子对话的契机,进而建立良性的亲子关系。

沐阳是一个有活力、有探索欲的小小数学家,会在家里做各种"实验",有次在家仅仅是做了个微型实验,就将妈妈朋友送的珍贵的猫屎咖啡作为原料全部挥霍掉。沐阳妈妈并不吝啬,毕竟鼓励实验、鼓励创新是要付出代价的,一个孩子的原创比任何东西的价值都要大,但是沐阳妈妈还是有了生气的情绪。她没有打断沐阳的实验过程,也没有在沐阳用昂贵的材料进行创新实验时呵斥,而是选择了冷静。情绪高涨时,父母和孩子双方很难在冲动之下达成共识,情急之下脱口而出的话,往往是伤人伤己的双面刃,这时最好的策略是控制住情绪,暂时离开,退后一步,例如和孩子说"你先冷静一下,我们稍后再谈",做出巧妙的让步,在双方冷静之后再选择沟通,孩子往往会更容易接受。

做孩子的"胖妞":态度上适时示弱,走进孩子柔软的内心

沐阳妈妈认为家长在生活中也要有真性情,在和孩子共同成长的过程中、跌跌撞撞中叠加着困惑、忧虑和欢欣,

同时也无法避免和成长中的熊孩子针锋相对。尤其是青春期的孩子，青春期的少年气盛，言语和评价难免犀利偏激，有时候甚至会充满各种不合作和蛮横，那是荷尔蒙的作用。家长作为过来人，为什么不能心平气和地接纳和欣赏他们的这些刺头样子，或许在这样的时刻，他们的嚣张不应被打压反而应该被鼓励和默许。而实际上，当你真正了解了这些虚张声势的青春少年时，几乎每个有爆炸威力的弹头底下，都有一颗怯怯柔软的心。

当沐阳为了自己的创新实验将妈妈昂贵的咖啡耗费掉时，沐阳妈妈暂时压制下自己的怒火，在情绪冷静下之后，她选择在沐阳面前适度示弱，和沐阳撒娇，表示了自己对沐阳做法的不满，而沐阳也会在情绪稳定之后，安慰自己的"胖妞"妈妈。这是非常有智慧的以退为进，态度上的示弱是在和孩子发生冲突时非常好的一种沟通方式。真正有智慧的父母，并不是靠强势或者反复唠叨去压制孩子，他们懂得，会对孩子示弱才是家庭教养的利器。让孩子试着体会和照顾父母的情绪，会让孩子学会换位思考，并逐渐成长为内心笃定、有主见的人。

"瘦"的调查问卷：坦率表达情绪，帮助孩子接纳情绪

孩子对情绪的认知和良好的情绪管理能力，离不开父母的示范作用，如果父母在和孩子起冲突之后没有耐心，朝孩子发泄情绪，孩子会在潜移默化中受到父母的影响，

难以管理自己的情绪，父母的情绪暴力，对一个孩子的伤害是致命的，甚至会影响孩子一生的性格和人格发展。因此家长需要学会从被情绪掌控到掌控情绪，学会正确表达情绪，当情绪和感受被说出来，它的威力也就消散了。

但是很多家长会在对孩子的行为产生情绪之后选择隐忍，忽略了和孩子沟通彼此的情绪。沐阳在创新实验中用掉了昂贵的咖啡，沐阳妈妈借用填写沐阳调查问卷的机会，将自己的疑惑写在了家长问卷的部分，告知沐阳应该从情感的角度来体会和珍视他人；而沐阳也在学生问卷的部分表达自己的不满，问妈妈为什么不能为了实验贡献一点点咖啡。此时调查问卷充当了父母和孩子沟通的桥梁，表达情绪的最终目的并非是争出输赢，而是在这个过程中让双方学会换位思考，并进行平和的沟通。其实，只要更丰富、更坦率地进行沟通，那个梗着脖子的熊孩子也会变得柔软。各位家长可以像沐阳妈妈一样，选择写信或者夜谈的方式，在情绪冷静之后表达自己的想法，问问孩子的想法，这不仅是对亲子关系的修复，也是做父母的一场修行。

非吼叫妈妈俱乐部亲子部　董卫娟　供稿

共读时光：参看《沐阳上学记·6·倒霉的配角》之《一个瘪头瘪脑的调查》。

非吼叫妈妈俱乐部

偶像是虎妈：
你朋友圈转发的新闻是谣言，官方辟谣啦！@河东狮不吼

河东狮不吼：
啊？写的有鼻子有眼，我还以为是真的。

偶像是虎妈：
不仔细求证，真不好分辨。

一沙一世界：
对啊，想想当年包治百病的板蓝根。

母慈子孝之二十四节气：
还有6个翅膀8条腿的鸡，当年看完我可是好久没吃鸡肉，就怕碰到变异鸡。那些营销号只看流量，根本不在乎会误导到读者。

一沙一世界：
人人都能在网上发声，但不是每个人都能真的利用好网络。

课代表X酱：
所以在现在信息大爆炸的年代，教会孩子判别资讯真假是很重要的。

偶像是虎妈：
从咱们群做起，让我们一起携手培养一代睿智的网民！

三十五
如何在众多的信息中，提高孩子的批判性思维？

"某品牌快餐用多个翅膀多个腿的变异鸡当材料""今晚高辐射射线将经过地球，请把手机电视都关掉，央视都报道了！""自热米饭里的大米是假的"……当年在各大论坛里流行的谣言，如今轻而易举在朋友圈刷屏，又收割到一波流量。这些真假难辨的信息在网上流传开来，学会正确判断和筛选辨别就变得尤为重要。在信息爆炸的时代，想要孩子面对海量信息依旧能够保持冷静、独立的思考，就得让他们拥有一定的媒介素养。在2012年玛雅预言和世界末日的专题满天飞的时候，沐阳简直可以说是进入痴迷的状态，沐阳妈妈鼓励他去搜集更多的信息，而沐阳也在搜集这些真真假假的科学的、伪科学的专题报道的过程中，信息辨识能力逐渐增强，也学会了运用批判性思维去辨别真伪。

抛出疑问句，培养孩子的批判性媒介思维

在当今互联网时代之下，信息爆炸真假难辨，渗透在孩子的整个成长过程，培养孩子的批评性思维变得越来越重要。大家是否还记得曾经闹得沸沸扬扬的玛雅预言和人类末日的话题，电视里、报纸和杂志上，到处充斥着这样的话题讨论。沐阳从小就对科幻话题很感兴趣，他和其他孩子一样也都沉迷其中，沐阳的班级里还因为这个话题划分为三个阵营，一派是悲伤派，一派是高兴派，还有一个就是以沐阳为代表的中间派，孩子们各执一词，在班级上争论得面红耳赤，不亦乐乎。

当孩子们接收到同一个资讯，他们会根据自己的经验做出不同的判断，给出的回应也是不同的。家长们对孩子的引导就变得非常重要，在这个信息爆炸的互联网时代，父母们不妨给孩子抛出三段式疑问句阵："这条信息的来源是哪里？到底有多少种不同的看法？整个信息的过程符合现实逻辑和思维逻辑吗？"先不要忙着否定孩子的想法，引导孩子进行讨论，在讨论过程中来教会孩子学会批判性地思维。比如：这条信息的来源有据可循，是基于真实发生的事件吗？时间、地点和人物的明确性有没有？它的发布渠道是权威可信的吗，是来自正规的媒体报道，还是口耳相传的论坛，或者是被人传来传去的评论整理？任何事件的发生，都是在特定的时空中发生的，而观点和结论可能会受到传播者的影响，

但其中的逻辑思维过程具有可证实性吗？大家看了这条资讯都有哪些不同的观点和结论？

从一条资讯和信息的真假讨论中，可以给孩子逐步建立起认识世界、辨别真伪和正确看待事物发展的方法，这才是最重要的，而不要简单地给孩子做出成年人的判断，甚至粗暴地让孩子服从一个家长已有的价值判断。

可以和孩子一起搜集对同一条信息的不同判断、观点和结论，相互比较，认真甄别，在辩论的过程中，让孩子得到他自己经过思考后的属于自己的观点。

轻松之余，也可以对比一些专门的辟谣网站，看看是否有相关的谣言已经还原的真相的讨论，也是一件很有趣的话题延展——既能引导孩子学会批判性思维，也能和孩子拥有共同的话题而促进良好的亲子关系。这才是和孩子共同进步的乐趣和核心所在。

以身作则，传递正确的价值观，学会接受媒体的正能量

父母的教育是潜移默化的，在家庭的生活中，父母更是要传递正确的价值观，让孩子学会接受媒体传递的正能量。而孩子不信谣，不传谣的能力，却常常来自父母的言传身教。爸爸妈妈"听风就是雨""大舌头"，孩子也多少会是个"小八卦"。而每一个"耸人听闻"的谣言本身，一定是把"噱头"放在第一位，"标题党"风起云涌的背后，一定藏着一张造谣的大嘴巴。父母要

谨慎克己，管住自己的嘴巴，以身作则，和孩子讨论话题的时候，要经过自己的分析，不要人云亦云。

《沐阳上学记》里面《世界末日来了》讨论到"世界末日"这个话题的时候，小科幻迷沐阳开始正儿八经地每天翻看报纸动态，热切地参与晚饭时的末日话题讨论。像这些事件沐阳妈妈会在家中与孩子进行平等探讨，给孩子提供一个宽容而开放的讨论氛围。沐阳妈妈作为母亲，同时也是大学教授，她鼓励沐阳通过互联网搜集国内外的信息资料，对比分析，教会沐阳正确的信息处理方式，还会购买相关的书籍、杂志，让沐阳通过不同的信息来源和渠道来多方面辨别信息。

"授人以鱼不如授人以渔"，学会正确地思考比简短地告诉孩子一个结论更加重要。在和孩子讨论的过程中，家长们常常会因简单的结论，或者成人们都已经知道的常识来回绝孩子，也常常忽略了在问题讨论过程中的信息搜集、整理，按照逻辑来判断事件走向的能力培养，这才是对孩子成长最大的漠视。而沐阳妈妈在这个过程中，不仅仅是教会沐阳的批判性思维，而更重要的是让孩子形成"共情能力"，因为"世界末日"不仅仅是一个科学命题的讨论，其中还包含了"杞人忧天"的这一古老的人类哲思，而这其中的情绪管理和亲子交流就显得更为重要了。

与时俱进,全身心对待多媒体时代成长起来的"二次元网络小子"

随着互联网的发展和普及,更多形式的媒介也随之出现,这一代的孩子,可以称之为"网络原住民",孩子们上网课,班主任和各科老师通过微信群来通知孩子们的作息和作业安排,手机成为必不可少的随身物品。过去常常讨论电视对孩子的正面和负面影响,现在已经变成了如何不让孩子长时间的刷手机。孩子们在网络中认识世界,也在网络中成长,在这个成长环境中,更需要家长帮助孩子正确地利用不同的媒介形式。

疫情之下,在线课堂成为一种必要形态,把课堂搬上云端,作为家长更是要与时俱进,熟悉孩子要经手的电脑课堂、手机视频等各种媒介形式,要学一点网络用语,懂一点网络操作,才能合理健康有效地给孩子制定规则,把握好分寸,能让孩子心服口服。现在很多的视频网站都设置了青少年观看模式,家长可以帮助孩子切换模式设置,虽然有青少年模式,但家长也要了解孩子的云课堂设置,并给孩子设定合适的使用方式和使用时长,不要沉溺于网游、贪恋信息的无谓延展,耗费大量的精力,影响了真正的学习习惯和学习效果。

在当前数字媒介霸屏的时代,家长也要鼓励孩子多使用传统媒介,如:书籍、报纸、杂志等,它们能使孩子们沉心静气。同时媒介可以辅助孩子的生活,如孩子在疲惫的时候，可以听音乐、有声书等，不仅让眼睛得到休息，还能让身心放松，对媒介合理运用，让孩子健康快乐成长。

任何时代都有孩子们成长中必经的难题和困惑，人生观、价值观、世界观才是孩子成长中最重要的修炼过程，而对于"二次元网络小子"的成长，也更要把三观教育始终放到首位，媒介是人体的延伸，而不要让多媒体时代的媒介成为孩子成长的障碍。

非吼叫妈妈俱乐部亲子部　方芊　供稿

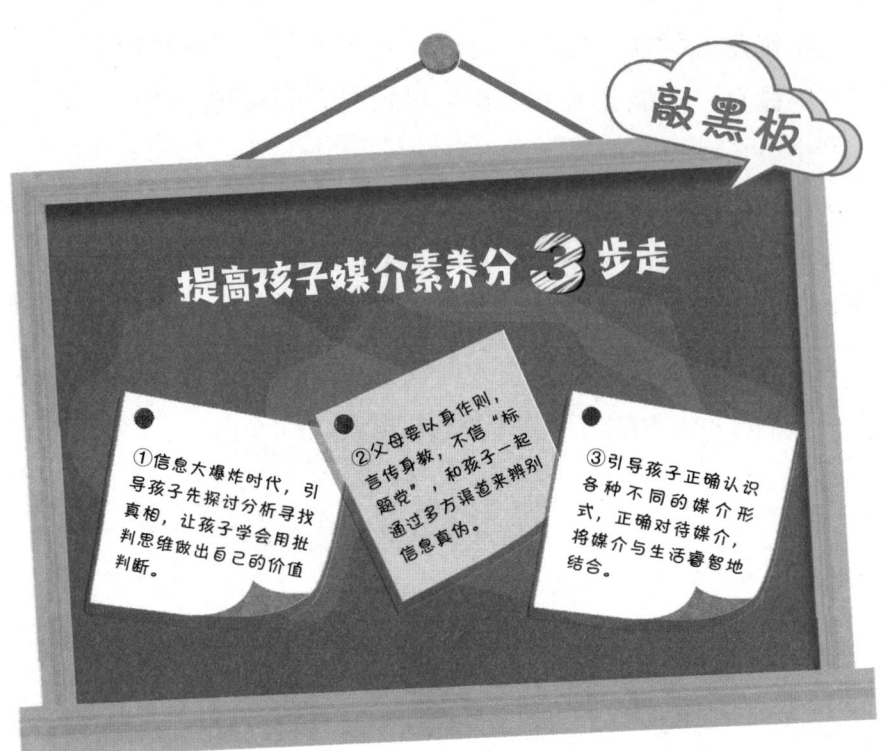

> 🔍 共读时光：参看《沐阳上学记·4·暴躁的兔子软糖》之《世界末日来了》。

非吼叫妈妈俱乐部

一沙一世界：
妈妈们快来看！我们家最新的旅行手账出炉了！

课代表X酱：
哇！沐阳的随笔本现实版！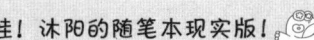

老言无忌：
我们家的旅行，精力都放在玩上了，手也不巧，做不来。

偶像是虎妈：
我就不一样了，我还在生气。

一沙一世界：
怎么了？

偶像是虎妈：
旅行很开心，准备很痛苦啊，为了住哪个酒店今天又吵起来了……

老言无忌：
我家已经过了鸡飞狗跳的年纪了，现在我都是丢给娃去搞。

课代表X酱：
那你这位手账达人就有更多时间剪剪贴贴了，期待你下次的旅行手账。

一沙一世界：
我家旅行比较佛系，走到哪算哪，也别有一番风味。

三十六
行万里路：
让孩子参与家庭旅行计划制订攻略

"读万卷书，行万里路"。疫情之下，孩子们的出行机会与以往相比少了很多，即使是在寒暑假，出行计划家长们也会思虑再三。现在出行确实需要考虑很多，如果碰上合适的机会，来个短途旅行也是不错的选择。为了让旅行能顺利进行，提前计划必不可少。一般来说都是家长来规划路线、准备出行用品，沐阳妈妈却喜欢让沐阳参与到计划的制订中来，爸爸妈妈退后一步，担任"脚手架"的角色。当然这个过程也并不总是顺滑的，沐阳也会嫌弃妈妈的提议太土太无聊，这些小插曲不是坏事，反而能让彼此互相了解。出行前定攻略，也能成为有意思的家庭活动。

"老年人"的大理：家庭会议制订详细方案，充分考虑孩子的建议

在旅行开始之前，家长可以先了解孩子的想法，也可以根据以往经验和体验向孩子推荐一些目的地。两个"家庭会议"就可以轻松解决很多难题。

第一个"家庭会议"放在制订计划前,和孩子充分交流讨论哪些地方适合全家出行,遇到不同想法,鼓励孩子多表达,比如罗列优点缺点、分别阐述观点。有一年沐阳身体有点小状况,咳嗽得厉害,沐阳妈妈经过多方面考虑决定把台湾自由行临时换成去云南大理静养。沐阳听说要去大理,一开始是拒绝的,毕竟比起之前的目的地,大理对于他来说少了点新奇和热闹。特别是听完妈妈的早睡早起深入体验当地风俗的计划,沐阳觉得这真是老年人的作息和安排。

看到沐阳的反应,沐阳妈妈先是解释了为什么改变计划,接着告诉沐阳,她所提出的安排都只是建议,具体在什么地方怎么生活全家要再商量。这就进入到第二个"家庭会议",大家分头找资料,做一点简单的攻略,然后拿出来讨论投票,最终决定去处。让孩子参与到家庭决策中来,鼓励孩子说出为什么这样选择,让孩子成为主角。

体验"远方"的绝密武器:利用出发前的准备工作提升孩子的能力

家庭会议讨论出结果后,就要进入到难度更高的工作中——规划路线。对年龄小的孩子,家长可以提供一些选择和清单给到他们,让他们在一定基础上发挥。大一点的孩子,策划前期可以试着完全交给孩子,家长则作为辅助,指导他们如何查询信息、需要如何比较等。在具体做计划的过程中，孩子会面临很多问题，比如出行工具选什么？车票门票需不需要提前预订？如何在预算内找到最适合的酒店？怎么兼顾到家庭成员们的需求？如何分辨网上的信息？从做计划中孩子能习到未来生活需要的一些必备技能，锻炼各方面的能力。家长可以从家庭周边出游开始循序渐进让孩子做更大的计划。

抵达目的地后，酒店入住、游玩安排等也可以交给孩子去办，这可以提升孩子的社会交往能力。如果孩子本身内向不敢跟陌生人沟通，家长也不要心急，可以陪着孩子一起，或是等孩子熟悉环境之后再进行，千万不要逼着孩子去社交。还有一点特别提醒，也许一开始孩子做得不完美，家长也不要担心，更不要急着反驳和打击孩子，把这些任务交给他就要相信他们能做好。

沐阳妈妈还有一个能提高旅行幸福感的小妙招。每次出行，沐阳妈妈都会带上随笔本，如果旅行中遇到什么好玩的难忘的，晚上回到酒店就可以记到随笔本上。她鼓励沐阳把看到的、听到的、感受到的都记下来，不是写作文，也不是为了好词好句的积累，只是记下简单几句，未来都是难忘的回忆。在大理的时候，"把随笔本拿出来，描写一下今天的风景吧"成了每天晚上的必修课。喜欢做手账的妈妈，也可以在旅行时提醒孩子收集些当地特色的小材料，回家后根据随笔本上的内容，制作更精致的手账本。

出行计划清单：列清单做计划，有备无患才能乐游玩

出行前帮助孩子把需要的东西提前准备好，可以做成清单以免遗漏。出行清单的制作方法有很多，根据孩子的年龄选择适合他们的方式，写写画画，拼拼贴贴，或是简单的手写清单都可以。除此之外，出行前还可以提前查阅当地的资料，制订一些游学计划，边走边玩边学也是很好的体验。这里有一个简单的计划清单，家长们可以参考。

参照出行清单，把旅行需要的物品先写下来，以免漏掉……

日常用品：衣服、鞋子、口罩、纸巾、保温杯、洗手液、随笔本、洗漱工具、护肤用品分装袋……还要带点啥？

电子产品：手机、相机、电脑、充电器……还要带点啥？

必备证件：身份证、学生证……还要带点啥？

备用药品：感冒药、防蚊液、晕车贴、创可贴、温度计……还要带点啥？

非吼叫妈妈俱乐部亲子部　李连连　供稿

🔍 共读时光：参看《沐阳上学记·8·夏天纪念册》之《一个名叫大理的地方》《环保斗士在路上》。

后　记
如何爱上你的不完美小孩？

您正在阅读的《72招轻松家教》分为上、下两册，下册将和《沐阳上学记》系列其他分册同步推出。

先来聊聊《沐阳上学记》，作为萧萍教授首创的非虚构儿童新话本，这套书可以说是"真·儿童文学大奖收割机"，2016年出版，即斩获十多项国家级儿童文学大奖。与此同时，萧萍教授也是人称"萧麻麻""沐阳妈妈"的教育心理专家，她联合发起并且创立的"非吼叫妈妈俱乐部"在家长圈备受瞩目。

特别是2020年，李沐阳成为唯一一位跳级被剑桥大学最顶尖的三一学院数学系无条件录取的中国学生，这使得历时多年跟踪儿子成长写下的《沐阳上学记》再次被家长们热议。这部宝藏作品不仅是当代中国儿童文学难得的优秀作品，而且其衍生出的"妈妈非吼叫，爸爸回餐桌""非吼叫妈妈亲子作文操"，以及"动的阅读坊"等科学的家庭教育理念，也获得父母和学校的热烈欢迎。大家迫切需要更多的指导和点拨。

我们编撰的《72招轻松家教》就是在此类需求下创编的家教类图书，来自父母们关心的话题，处处击中教育痛点——如果你从书中看到了似曾相识的烦恼与乐趣，不要惊讶，因为这就是一个普通中国家庭的普通生活。

作为《沐阳上学记》的配套家教书，《72招轻松家教》是72个故事背后的故事，它们揭秘了沐阳从小学一年级到初二成长的另一面，抽丝剥茧地剖析了家庭教育中孩子和父母相处与沟通的秘密——沐阳妈妈展示的看似轻松诙谐的家庭故事，是否蕴含了举重若轻的家教秘密？在看似鸡毛蒜皮的小故事和流水账中，到底有怎样的文学魅力，使其一再获奖？一个作家妈妈培养一个数学小子，有什么秘诀？那些鲜活的生活现场对于我们的家庭教育来说意味着什么？

同时，我们想和大家一起思考，最好的教育到底是什么样的教育？什么样的教育方式才能让孩子更强大？怎么能让一个普通孩子向着期望的方向健康成长：知道冷热，懂得感恩，好好学习，天天向上，能够在每一个学习阶段享受他的成功，获得属于他自己的快乐？

这么抽象的教育理念一旦落到家庭日常中，就变成了"拼爹拼娘"。难道要想考入社会公认的心仪名校，男孩、女孩必须就从小进入重点幼儿园、重点小学、重点初中和高中，才能赢在起跑线上？

这恰恰也是我们非吼叫妈妈俱乐部创立的初衷——非吼叫妈妈俱乐部有一群年轻的妈妈，因为育儿焦虑和对孩子的喜爱走到一起，相互倾听，共同前进。在这里你能看到，面对五花八门的教育法，那些拥有硕士、博士学位的母亲也会变得束手无策。

《72招轻松家庭》的写作分享者都是从事儿童文学、儿童教育和儿童文化传播的相关人士，同时也是80后、90后的妈妈和准妈妈们，对我们而言，与其说是探秘一个家庭的成长秘籍，不如说是通过这次集体写作与分享，让自己心里住着的小孩慢慢变得稳定而强大，从而将这样的美好与温暖传递给自己的下一代，也希望能够帮助更多的家庭和孩子。

"一切都是最好的安排。"——这个世界不存在完美，我们不是完美的家长。或许上苍就是让不完美的我们遇到不完美的小孩，让我们修炼自身的成长，修炼日常爱他人的能力。愿我们都懂得爱，学会爱，更知道如何去爱，用一颗真正宽容幽默的从容心，去拥抱你家的可爱"神兽"吧！

非吼叫妈妈俱乐部亲子部